15 MINUTEN KÜCHE *FÜR FAULE*

Timer Square
DULTON CO.,LTD.
55 MIN TIMER

15
MINUTEN KÜCHE
FÜR FAULE

TEXT: MARTIN KINTRUP
FOTOS: COCO LANG

LIEBE LESERINNEN UND LESER,

wir wollen Ihnen mit diesem Buch Informationen und Anregungen geben, um Ihnen das Leben zu erleichtern oder Sie zu inspirieren, Neues auszuprobieren. Wir achten bei der Erstellung unserer Bücher auf Aktualität und stellen höchste Ansprüche an Inhalt und Gestaltung. Alle Anleitungen und Rezepte werden von unseren Autoren, jeweils Experten auf ihren Gebieten, gewissenhaft erstellt und von unseren Redakteuren/innen mit größter Sorgfalt ausgewählt und geprüft.

Haben wir Ihre Erwartungen erfüllt? Sind Sie mit diesem Buch und seinen Inhalten zufrieden? Haben Sie weitere Fragen zu diesem Thema? Wir freuen uns auf Ihre Rückmeldung, auf Lob, Kritik und Anregungen, damit wir für Sie immer besser werden können. Und wir freuen uns, wenn Sie diesen Titel weiterempfehlen, in Ihrem Freundeskreis oder bei Ihrem online-Kauf.

Sollten wir Ihre Erwartungen so gar nicht erfüllt haben, tauschen wir Ihnen Ihr Buch jederzeit gegen ein gleichwertiges zum gleichen oder ähnlichen Thema um.

KONTAKT

GRÄFE UND UNZER VERLAG
Leserservice
Postfach 86 03 13
81630 München
E-Mail: leserservice@graefe-und-unzer.de

Telefon: 00800 / 72 37 33 33*
Telefax: 00800 / 50 12 05 44*
Mo–Do: 9.00–17.00 Uhr
Fr: 9.00–16.00 Uhr
(*gebührenfrei in D,A,CH)

DIE RICHTIGE ORGANISATION

QUICKIES FÜR UNTERWEGS

EIN TOPF UND EINE PFANNE

GENIALE RESTEKÜCHE

BLITZSCHNELLE DESSERTS

BENTO-BOXEN

SCHNELLE BÜFETTS

FEINES FÜR GESELLIGE GÄSTE

SCHNELLE MENÜS

MINIMALER AUFWAND, MAXIMALER GENUSS!

Im Alltag ist es nicht so leicht, sich ausgewogen zu ernähren. Wenn im Job Überstunden drohen, der Partner Aufmerksamkeit reklamiert und der Yogakurs ruft, bleibt kaum Zeit, etwas Frisches, Schmackhaftes und Ausgewogenes zuzubereiten. Der Griff zur TK-Pizza oder der Weg zum Imbissstand ist vorprogrammiert. Insbesondere, wenn Kochen nicht gerade Ihre Passion ist und die Küche ohnehin am liebsten kalt bleibt.

Schluss damit! **Ab jetzt ist das Tellerglück nur noch ein Viertelstündchen entfernt.** Denn alle Gerichte in diesem Buch sind speziell für besonders faule Köche entwickelt worden, denen jegliche Anstrengung am Herd zu viel ist! Das bedeutet: **Jedes Gericht steht in maximal 15 Minuten auf dem Tisch, außer es muss nach einer kurzen Vorbereitungszeit noch fix in den Ofen.** Perfekt für den stressigen Alltag, genauso aber auch für das gechillte Wochenende!

In vier proppenvollen Kapiteln finden Sie alles, was das Herz begehrt: unkompliziertes Powerfood für unterwegs, genial einfache Gerichte aus Topf und Pfanne, flott zubereitete Resteküche und leckere Blitz-Desserts für die zuckersüßen Augenblicke! Darüber hinaus können Sie im Anhang Ideen zu Bento-Boxen, Büfetts, Essen für gesellige Runden und leckere Menüs entdecken. **Alles super einfach und super bequem!**

Für die Super-Quick-and-Easy-Küche wurde zu einigen Tricks gegriffen! Es stehen nur **»faule und pflegeleichte Produkte« auf der Einkaufsliste, die einem das Kochleben so leicht wie nur möglich machen.** Die Highlights finden Sie immer zu Beginn eines jeden Kapitels. Durch clevere Planung der Rezepte konnte trotzdem sehr viel frisches Gemüse einbaut und ausschließlich dort zu TK-Ware gegriffen werden, wo sonst der 15-Minuten-Rahmen gesprengt würde. Zudem wurde ein ganzes Kapitel gängigen Resten gewidmet. Aus Kartoffeln, Reis oder Nudeln vom Vortag lassen sich nämlich blitzschnell tolle, neue, superfaule Remakes zaubern.

Ganz wichtig: Nicht nur das Kochen gelingt in Rekordzeiten, auch beim Einkauf lässt sich prima Zeit sparen. Alle verwendeten Produkte sind in jedem **gut sortierten Supermarkt** erhältlich. Viele Rezepte gelingen sogar größtenteils **mit Zutaten aus dem Vorrat** – die frischen Komponenten können Sie fix beim kleinen Einkauf zwischendurch besorgen.

Ab jetzt beginnt in Ihrer Küche endlich das 15-Minuten-Zeitalter! Noch nie war die Hürde zum Tellerglück so niedrig, noch nie war der Genuss so nah …

DIE RICHTIGE ORGANISATION …

… ist das A und O für das Gelingen der genialen 15-Minuten-Gerichte. Und so bereiten Sie Ihre Küche auf neue Kochrekorde vor:

Der Herd: Nicht die günstigste, aber definitiv die schnellste und praktischste Lösung ist ein Induktionsherd. Auf ihm bringen Sie Wasser blitzschnell zum Kochen, Temperaturen lassen sich perfekt regulieren. Und der Energieverbrauch fällt dabei sogar erstaunlich niedrig aus.

Organisation rund um den Herd: Vermeiden Sie lästige Umwege. Töpfe und Pfannen sollten ebenso wie Gewürze und anderes Kochzubehör, etwa Holzlöffel oder Pfannenwender, unmittelbar in Herdnähe aufbewahrt werden, damit sie immer griff- und einsatzbereit sind.

Der Kühlschrank: Ein gut und übersichtlich sortierter Kühlschrank sowie ein aufgeräumtes Tiefkühlfach vermeiden lästiges Gewühle in den hinteren Reihen. Achten Sie auf die Temperaturzonen. Der Kühlschrank wird von oben nach unten immer kälter, empfindliche Produkte wie Fleisch und Fisch also stets auf dem untersten offenen Einschub aufbewahren. Das Frischefach darunter ist deutlich wärmer und perfekt geeignet für Obst und Gemüse. Diese möglichst in Aufbewahrungsboxen legen, da das feuchte Mikroklima in den Boxen für eine wesentlich längere Haltbarkeit sorgt.

Die Kleingeräte: Allzu viel Küchenausstattung benötigen Sie nicht. Ein Wasserkocher ist eine gute Unterstützung, wenn Sie für Nudeln & Co.

schnell größere Mengen Wasser aufkochen möchten. Wenn es auf dem Herd schon brutzelt, hilft die Mikrowelle, ganz fix Saucen zu erhitzen oder Schokolade zu schmelzen. Ein Pürierstab mixt in Windeseile Suppen und Saucen glatt. Ein Toaster röstet Brot und Süßkartoffeltoasts, während Sie sich anderen Dingen widmen können.

Aufbewahrung & Transport: Unterschiedlich große Bügel- und Schraubgläser sind für den Transport von Müsli, Salaten & Co. unerlässlich. Gut verschließbare, hitzebeständige Transportbehälter aus Glas sind perfekt für Suppen und Aufläufe, für Kaltes tun es auch leichte, günstige Boxen aus Plastik. Verschließbare Schüsseln sind die beste Wahl für trendige Bowls, Bento-Boxen für bunt zusammengestellte Kleinigkeiten.

Das Schneidezubehör: Nichts verzögert die Arbeit mehr als schlechte Messer in unpassender Größe. Mit einem kleinen Gemüsemesser, einem großen Allroundmesser und einem Brotmesser mit geriffelter Klinge sind Sie jedoch bestens ausgestattet. Achten Sie beim Kauf auf gute Qualität, sonst sind die Klingen in kürzester Zeit wieder stumpf. Waschen Sie die Messer möglichst immer nur per Hand. Auch das lässt die Messer länger scharf bleiben. Als Unterlage empfiehlt sich ein großes, schweres Schneidebrett aus Holz, das nicht hin-und herrutscht, wenn man darauf arbeitet.

ATLAS
E-Z

QUICKIES FÜR UNTERWEGS

GENUSS-TO-GO IN REKORDZEITEN

DIE SCHNELLEN 4 FÜR ENTSPANNTEN UNTERWEGSGENUSS

MÜSLI & HAFERFLOCKEN

--->

Sättigende Energiespender für morgendliche To-go-Mahlzeiten, da reich an komplexen Kohlenhydraten | bei fancy Mischungen auf den Zuckergehalt achten | geröstetes Müsli wird kunstvoll angerichtet zum **Granola-Trifle** (Seite 14) | 5-Korn-Müsli tritt mit Frühstücksbrei ganz trendy auf in der **Skyr-Breakfast-Bowl** (Seite 16) und noch hipper in der **Beeren-Smoothie-Bowl** (Seite 18) | mit veganem Müsli wird **Chia-Jar mit Mango** (Seite 20) zu einem rein pflanzlichen Genuss | als Müslistange vom Bäcker tolle Beilage zur **Herzhaften Frühstücks-Bowl** (Seite 24) | Haferflocken sind als **Nussbällchen mit Pistazien** (Seite 116) ein powerspendendes Fingerfood für die Frühstücksbox oder ein kleines Dessert aus der Hand.

NÜSSE & SAMEN

<---

Knackiges Topping | reich an gesunden Fetten, Vitaminen und Mineralstoffen | nicht zu lange lagern, da die enthaltenen Fette ranzig werden können | Mandeln sorgen auf der **Skyr-Breakfast-Bowl** (Seite 16) für feinen Crunch und veredeln **Blattsalat mit Feta und Erdbeeren** (Seite 33) | Walnüsse ergänzen die **Superfood-Bagels** (Seite 22) perfekt, toppen gemeinsam mit etwas Honig die **Camembert-Schinken-Quiche** (Seite 41) | Sesam liebt es asiatisch in wasabiwürzigen **Putenbrust-Wrappies** (Seite 23), leichtem **Spitzkohl-Kichererbsen-Salat** (Seite 30) und raffiniertem **Gurken-Mango-Salat mit Lachs** (Seite 33) | Erdnüsse genauso in **Mie-Nudelsalat mit Korianderpesto** (Seite 32).

KRÄUTER

Ob frisch, getrocknet oder tiefgekühlt – sie sind meist das i-Tüpfelchen | zarte Blättchen wie Kresse, Koriander, Minze oder Basilikum gehören frisch aufs Gericht | getrockneter Oregano und TK-Mischungen eignen sich super zum Mitkochen | feinscharfe Kresse tunt **Käsestullen de luxe** (Seite 22) und **Knäckesalat mit Putenbrust** (Seite 32) | Koriander und Mie-Nudeln sind ein geniales Duo als **Salat mit Korianderpesto** (Seite 32) wie auch als **Suppe mit Hackfleisch** (Seite 34) | Minze erfrischt **Blattsalat mit Feta und Erdbeeren** (Seite 33) | Basilikum überrascht im **Gurken-Mango-Salat mit Lachs** (Seite 33) | vom würzigen, getrockneten Oregano profitiert das **Polentagratin mit Blumenkohl** (Seite 38) | **Tomatensuppe mit Tortellini** (Seite 36), **Gratiniertes Hähnchenfilet** (Seite 42), **Ziegenkäse-Tomaten-Quiche** (Seite 41) – sie erhalten ihren mediterranen Touch durch TK-Kräuter.

KICHERERBSEN & HUMMUS

Echte Powerkugeln voll mit wertvollem Eiweiß | praktisch sind vor allem gegarte Kichererbsen aus Glas oder Dose | Hummus ist fix selbstgemacht, steht aber mittlerweile auch in vielen Varianten in der Kühltheke | als **Spitzkohl-Kichererbsen-Salat** (Seite 30) ein Take-away-Liebling | **Paprikasuppe** mit Kichererbsen (Seite 57) ist ein wärmender Sattmacher mit indischer Note | homemade **Spinathummus** (Seite 28) zum Dippen mit Gemüsesticks hat das Zeug zum neuen Star im Büro | für die **Herzhafte Frühstücks-Bowl** (Seite 24) genügt der Rote-Bete-Hummus aus dem Supermarkt | echt tolle Variante: Im **Nudel-Bohnen-Salat** (Seite 93) die Bohnen durch Kichererbsen ersetzen, Basilikum und Essig durch Dill und Zitronensaft und das Ganze mit gemahlenem Kreuzkümmel und Koriander abschmecken.

GRANOLA-TRIFLE

Perfekter Start für den Tag

FÜR 2 PORTIONEN

---

1 Pfirsich
100 g Himbeeren
125 g Heidelbeeren
1 TL Zucker
1 TL Zitronensaft
20 g Zartbitter-Schokolade (1 Riegel)
500 g Joghurt
100 g geröstetes Müsli (Granola)

Zubereitungszeit: 10 Min.
Pro Portion ca. 510 kcal
15 g E, 21 g F, 60 g KH

1 Den Pfirsich waschen, halbieren, entsteinen und klein schneiden. Die Beeren verlesen, nur falls nötig waschen und gut abtropfen lassen. Die Himbeeren mit Zucker und Zitronensaft fein pürieren. Die Schokolade hacken.

2 Das Himbeerpüree in zwei Schraub- oder Bügelgläser (à 500 ml) füllen, dabei 2 EL Püree übrig lassen. Dann jeweils die Hälfte des Joghurts, des Müslis, der Pfirsichstücke und der Heidelbeeren darauf verteilen – und auch hier jeweils etwa 2 EL zurückbehalten.

3 Nun den restlichen Joghurt, das übrige Himbeerpüree und das restliche Müsli in die Gläser schichten. Die Schokolade und die übrigen Heidelbeeren daraufstreuen.

4 Die Gläser für den Transport gut verschließen und die Trifles unterwegs genießen, z. B. am Arbeitsplatz oder beim Picknick. Gegebenenfalls bis zur Verwendung kalt stellen.

SKYR-BREAKFAST-BOWL

Winterliches Power-Frühstück

FÜR 2 PORTIONEN

400 g Skyr
200 ml Milch
4 EL Frühstücksbrei (siehe Tipp)
2 EL Mandelmus
2 EL flüssiger Honig
3 Prisen Zimtpulver
4 EL 5-Korn-Müsli
2 EL Mandeln
2 EL getrocknete Cranberrys
2 EL Quinoa-Pops
2 Mandarinen
2 kleine Bananen

Zubereitungszeit: 10 Min.
Pro Portion ca. 740 kcal
38 g E, 24 g F, 89 g KH

1 Für die Basis den Skyr mit Milch, Frühstücksbrei, Mandelmus, Honig und 1 Prise Zimtpulver glatt verrühren. Den Skyr-Brei in zwei auslaufsichere Transportbehälter füllen.

2 Das 5-Korn-Müsli mit Mandeln, Cranberrys, Quinoa-Pops und dem übrigen Zimt (2 Prisen) mischen und ebenfalls transportsicher abfüllen. Die Mandarinen und Bananen unverpackt in die Tasche stecken und mitnehmen.

3 Dann vor Ort den Skyr-Brei in zwei Portionsschüsseln umfüllen und den Müsli-Mix darauf verteilen. Die Mandarinen schälen und in die einzelnen Segmente teilen. Die Bananen schälen und in Scheiben schneiden. Die Früchte auf den Bowls anrichten, fertig. Gegebenenfalls die Bowls bis zur Verwendung kalt stellen.

TIPP:
Frühstücksbrei zum Anrühren gibt es – vor allem in gut sortierten Drogeriemärkten – in den unterschiedlichsten Varianten. Alle sind gleichermaßen für diese Bowl geeignet.

BEERREN-SMOOTHIE-BOWL

Instagram-Star-Frühstück on the Road

FÜR 2 PORTIONEN

400 g gemischte TK-Beeren (angetaut)
400 g Joghurt
2 EL blütenzarte Haferflocken
2 EL flüssiger Honig
2 TL Zitronensaft
100 g frische Himbeeren
2 EL 5-Korn-Müsli
4 EL Nusskern-Mix
2 TL Leinsamen
40 g schokolierte Beeren (z. B. Himbeeren, Erdbeeren, Heidelbeeren)

Zubereitungszeit: 10 Min.
Pro Portion ca. 615 kcal
17 g E, 29 g F, 69 g KH

1 Für den Beeren-Smoothie die angetauten TK-Beeren mit Joghurt, Haferflocken, Honig und Zitronensaft fein pürieren. Den Smoothie in zwei auslaufsichere Transportbehälter füllen.

2 Die frischen Himbeeren verlesen, nur falls nötig waschen und gut abtropfen lassen. Das 5-Korn-Müsli mit dem Nusskern-Mix und den Leinsamen mischen. Die Himbeeren, den Müsli-Mix und die schokolierten Beeren separat ebenfalls transportsicher abfüllen.

3 Dann vor Ort den Beeren-Smoothie in zwei Portionsschüsseln umfüllen und den Müsli-Mix darauf verteilen. Die frischen Himbeeren und die schokolierten Beeren auf dem Müsli anrichten und die Bowls genießen. Gegebenenfalls die Bowls bis zur Verwendung kalt stellen.

TIPP:
An heißen Tagen noch 1 Handvoll Minzeblättchen beim Smoothie mitpürieren. Das sorgt für einen ganz besonderen Frische-Kick!

CHIA-JAR MIT MANGO

Reisefreudiger kleiner Neidischmacher

FÜR 2 PORTIONEN

500 ml Mandeldrink
4 EL Chia-Samen
2 EL geschrotete Leinsamen
1 EL flüssiger Honig
1 Pck. Bourbon-Vanillezucker
Salz
1 kleine Mango
50 g Heidelbeeren
4 EL Müsli (z. B. Schokomüsli)
2 EL Kokoschips
2 TL Kakao-Nibs

Zubereitungszeit: 10 Min.
+ 12 Std. Quellen
Pro Portion ca. 460 kcal
12 g E, 25 g F, 42 g KH

1 Am Vorabend den Mandeldrink mit Chia-Samen, Leinsamen, Honig, Vanillezucker und 1 Prise Salz verrühren und auf zwei Schraub- oder Bügelgläser (à 500 ml) verteilen. Die Gläser verschließen und die Mischung über Nacht quellen lassen.

2 Am nächsten Tag die Mango schälen und das Fruchtfleisch in möglichst großen Stücken vom Kern schneiden, dann in Würfel schneiden. Die Heidelbeeren verlesen, nur falls nötig waschen und gut abtropfen lassen.

3 Den Chia-Pudding in den Gläsern einmal durchrühren. Das Müsli, die Mangowürfel und die Heidelbeeren darauf verteilen. Mit Kokoschips und Kakao-Nibs garnieren.

4 Die Gläser für den Transport gut verschließen und die Chia-Jars unterwegs genießen, z. B. am Arbeitsplatz oder beim Picknick. Gegebenenfalls bis zur Verwendung kalt stellen.

TIPP:
Für einen Hauch Exotik 1 Passionsfrucht halbieren und das Fruchtfleisch aus der Schale löffeln. Mit 1 TL Zucker verrühren und auf den Mangowürfeln verteilen.

4 × BROTE, BAGELS & WRAPS …

KÄSESTULLEN DE LUXE

FÜR 2 PORTIONEN
Pro Portion ca. 490 kcal, 28 g E, 19 g F, 51 g KH

2 **Radieschen** waschen, putzen, in Scheiben schneiden. Mit 1 TL **Weißweinessig** beträufeln, mit **Salz** und **Pfeffer** würzen. 6 **Römersalatherzenblätter** abbrausen und trocken schütteln. 4 große Scheiben **Mehrkornbrot** mit 100 g **Skyr** bestreichen, **salzen, pfeffern.** Dann auf 2 Skyr-Brotscheiben noch 2 TL **Honigsenf** verteilen und die Scheiben mit dem Salat und 80 g **Bergkäse** (in Scheiben) belegen. Erneut mit 2 TL **Honigsenf** bestreichen, dann mit Radieschenscheiben und 2 TL **Salatkern-Mix** belegen. Die **Kresse** von ½ Kästchen abschneiden und aufstreuen. Übrige Brotscheiben darauflegen und leicht andrücken. Die Stullen halbieren und in Brotboxen packen. Bis zum Verzehr kalt stellen.

SUPERFOOD-BAGELS

FÜR 2 PORTIONEN
Pro Portion ca. 590 kcal, 22 g E, 35 g F, 47 g KH

2 **Bagels** (zum Aufbacken) nach Packungsanweisung im vorgeheizten Backofen (Mitte) in 6–8 Min. leicht knusprig aufbacken. Inzwischen 80 g **Frischkäse** (mit Joghurt) mit 1 EL **Kürbiskernöl** verrühren. 30 g **Baby-Blattspinat** waschen und trocken schleudern. Die Bagels aus dem Ofen nehmen und aufschneiden. Ober- und Unterseiten jeweils mit Frischkäse bestreichen. Die Unterseiten mit Spinat und 100 g **Graved Lachs** (in Scheiben, ersatzweise Räucherlachs) belegen. 2 EL **Walnusskerne** zerbröckeln und mit 2 EL **Granatapfelkernen** auf dem Lachs verteilen. Die oberen Bagelhälften darauflegen und leicht andrücken, dann die Bagels in Brotboxen packen. Bis zum Verzehr kalt stellen.

…, die das Standardprogramm vom Bäcker richtig alt aussehen lassen und dabei ganz easy vorbereitet sind.

PUTENBRUST-WRAPPIES

FÜR 2 PORTIONEN

Pro Portion ca. 430 kcal, 12 g E, 28 g F, 32 g KH

80 g **Frischkäse** mit 2 TL **Wasabipaste** und 1 EL **Zitronensaft** verrühren. ½ **Avocado** (Hass) entkernen, das Fruchtfleisch mit einem Esslöffel aus der Schale lösen und in dünne Scheiben schneiden. Mit 1 EL **Zitronensaft** beträufeln, mit **Salz** und **Pfeffer** würzen. ½ **rote Paprika** waschen, putzen, in dünne Streifen schneiden. 4 Scheiben **Putenbrustaufschnitt** in Streifen schneiden. 2 **weiche Weizentortillas** (25 cm Ø) in einer Pfanne nacheinander von beiden Seiten erhitzen, bis sie elastisch sind. Herausnehmen und in der Mitte mit dem Wasabi-Frischkäse bestreichen. Avocado, Paprika und Aufschnitt darauf verteilen, mit 2 TL **Sesam** bestreuen. Die Tortillas fest aufrollen und in je 6 dicke Stücke schneiden, dann die Wrappies in Brotboxen packen. Bis zum Verzehr kalt stellen.

KNUSPERECKEN

FÜR 2 PORTIONEN

Pro Portion ca. 515 kcal, 22 g E, 37 g F, 20 g KH

2 **Laugenecken** (mit Körnern) aufschneiden und alle Hälften mit 2 EL **Butter,** die unteren Hälften zusätzlich mit 2 TL **körnigem Senf** bestreichen. 30 g **Rucola** waschen, trocken schleudern und auf den unteren Brötchenhälften verteilen. Dann 4 Scheiben **rohen Schinken** (50 g, geräuchert oder luftgetrocknet) auf den Rucola legen und mit ein wenig **Crema di Balsamico** beträufeln. 125 g **Ziegenweichkäse** (von der Rolle) in Scheiben schneiden und auf dem Schinken verteilen. 8 **Himbeeren** falls nötig waschen und trocken tupfen, dann auf den Käse geben. Obere Laugeneckenhälften darauflegen und leicht andrücken, dann die Knusperecken in Brotboxen packen. Bis zum Verzehr kalt stellen.

HERZHAFTE FRÜHSTÜCKS-BOWL

Ausgewogen, lecker und gern auf Achse

FÜR 2 PORTIONEN

2 Eier (M)
4 Radieschen
3 TL Rapsöl
Salz | Pfeffer
125 g Kirschtomaten
80 g Bergkäse (am Stück, z. B. Stilfser)
50 g Baby-Blattspinat
2 TL Aceto balsamico bianco
100 g Rote-Bete-Hummus (Fertigprodukt)
1 EL Pinienkerne
½ Kästchen Kresse
1 Müslistange

Zubereitungszeit: 15 Min.
Pro Portion ca. 495 kcal
25 g E, 36 g F, 17 g KH

1 Die Eier in einem Topf knapp mit kaltem Wasser bedecken, zum Kochen bringen und in 4–5 Min. wachsweich kochen. Inzwischen die Radieschen waschen, putzen und in Scheiben schneiden. Mit 1 TL Öl vermischen, salzen und pfeffern. Die Tomaten waschen und halbieren. Den Käse in kleine Würfel schneiden.

2 Die Eier abgießen, kalt abschrecken und schälen. Spinat waschen, trocken schleudern und auf zwei Transportbehälter (vorzugsweise Schüsseln mit Deckel) verteilen. Mit dem restlichen Öl (2 TL) und dem Balsamessig beträufeln, salzen und pfeffern. Die Eier jeweils in die Mitte setzen, Radieschen, Tomaten, Käse und Hummus rundherum verteilen.

3 Die Pinienkerne in einer Pfanne goldbraun rösten und über die Bowls streuen. Die Kresse mit einer Küchenschere vom Beet schneiden und ebenfalls darüberstreuen. Die Transportbehälter gut verschließen. Die Müslistange in Scheiben schneiden und separat verpacken.

4 Dann vor Ort die Bowls gegebenenfalls bis zur Verwendung kalt stellen. Vor dem Verzehr die Eier halbieren (eventuell noch mit Salz und Pfeffer würzen, falls vorhanden) und die Bowls mit dem Brot genießen.

TIPP:
Wer die Frühstücks-Bowls mit Couscous- oder Quinoa-Resten vom Vortag ergänzt, kann auf die Müslistange verzichten.

ANTIPASTI-PITA-TASCHEN

Kurzurlaub auf dem Teller

FÜR 2 PORTIONEN

---

3 EL Salatmayonnaise
1 EL Ajvar
1 Knoblauchzehe (nach Belieben)
Salz | Pfeffer
50 g Salat-Mix (mit Eisbergsalat)
100 g Bio-Salatgurke
60 g Schafskäse (Feta)
1 kleine rote Zwiebel
125 g gemischte Antipasti (in Öl; z. B. Grillpaprika, getrocknete Tomaten, Oliven, gegrillte Auberginenscheiben)
2 Pita-Taschen (zum Füllen)

Zubereitungszeit: 10 Min.
Pro Portion ca. 445 kcal
14 g E, 22 g F, 46 g KH

1 Für die Aioli die Mayonnaise und das Ajvar verrühren. Nach Belieben Knoblauch schälen und dazupressen. Mit Salz und Pfeffer würzen.

2 Für die Füllung den Salat-Mix waschen und trocken schleudern. Die Gurke waschen und in dünne Scheiben schneiden. Den Feta grob zerbröckeln. Die Zwiebel schälen und in schmale Spalten schneiden. Antipasti abtropfen lassen.

3 Die Pita-Taschen im Toaster in 2–3 Min. kross aufbacken, dann öffnen und innen mit der Aioli bestreichen. Jede Tasche mit Salat-Mix, Gurke, Zwiebel, Feta und Antipasti füllen. Die Taschen leicht zusammendrücken.

4 Die Antipasti-Pita-Taschen für den Transport in Brotboxen packen und unterwegs genießen. Gegebenenfalls bis zur Verwendung kalt stellen. Servietten nicht vergessen.

TIPP:
Anstatt der Pita-Taschen eignen sich auch 2 Viertel türkisches Fladenbrot perfekt. Diese vor dem Füllen kurz im Ofen aufbacken, dann noch ein-, aber nicht ganz durchschneiden.

SPINATHUMMUS MIT GEMÜSESTICKS

Gesunder Snacklustskiller

FÜR 2 PORTIONEN

1 Dose Kichererbsen
(265 g Abtropfgewicht)
2 Knoblauchzehen
50 g Baby-Blattspinat
60 g Tahin (Sesampaste)
2 ½ EL Zitronensaft
1 TL flüssiger Honig
Salz | Pfeffer
½ TL gemahlener Kreuzkümmel
2 Prisen Cayennepfeffer
½ Bio-Salatgurke
200 g Möhren
1 rote Paprika
10 Cracker

Zubereitungszeit: 15 Min.
Pro Portion ca. 565 kcal
19 g E, 24 g F, 68 g KH

1 Für den Hummus die Kichererbsen in ein Sieb abgießen, kalt abbrausen und abtropfen lassen. Den Knoblauch schälen und grob würfeln. Den Spinat waschen und trocken schleudern.

2 Die Kichererbsen mit Knoblauch, Spinat, Tahin, Zitronensaft, Honig und 4 EL Wasser in den Blitzhacker geben. Mit Salz, Pfeffer, Kreuzkümmel und Cayennepfeffer würzen. Alles fein pürieren und abschmecken.

3 Die Gurke waschen, die Möhren schälen und beides in Sticks schneiden. Die Paprika waschen, halbieren, weiße Trennwände und Kerne entfernen. Die Hälften ebenfalls in Sticks schneiden.

4 Für den Transport den Spinathummus in zwei Schraub- oder Bügelgläser (à 200 ml) füllen und verschließen. Gemüsesticks und Cracker separat verpacken. Gegebenenfalls bis zur Verwendung kalt stellen. Vor Ort Gemüse und Cracker in den Hummus dippen und genießen.

SPITZKOHL-KICHERERBSEN-SALAT

Leichter Sattmacher

FÜR 2 PORTIONEN

1 Dose Kichererbsen
(265 g Abtropfgewicht)
1 Frühlingszwiebel
½ Bio-Salatgurke
200 g Spitzkohl
3 EL Zitronensaft
2 ½ EL Sojasauce
½ EL Öl
1 ½ TL Zucker
Salz | Pfeffer
2 EL Sesam
1 EL Tahin (Sesampaste)

Zubereitungszeit: 15 Min.
Pro Portion ca. 315 kcal
13 g E, 15 g F, 30 g KH

1 Die Kichererbsen in ein Sieb abgießen, kalt abbrausen und abtropfen lassen. Die Frühlingszwiebel waschen, putzen und in feine Ringe schneiden. Die Gurke waschen und grob würfeln.

2 Den Spitzkohl waschen, putzen, in dünne Streifen schneiden und in eine Schüssel geben. 1 EL Zitronensaft, ½ EL Sojasauce, das Öl und ½ TL Zucker verrühren und mit dem Spitzkohl vermischen. Mit Salz und Pfeffer würzen.

3 Den Spitzkohl auf zwei große Schraub- oder Bügelgläser (à 800 ml) verteilen. Kichererbsen, Frühlingszwiebel, Gurke und Sesam darüberschichten und die Gläser verschließen.

4 Für die Sauce das Tahin mit übrigem Zitronensaft (2 EL) und Zucker (1 TL) sowie der restlichen Sojasauce (2 EL) verrühren. Mit Salz und Pfeffer abschmecken. Die Sesamsauce separat transportsicher verpacken.

5 Vor Ort gegebenenfalls Salat und Sauce bis zur Verwendung kalt stellen. Vor dem Verzehr den Spitzkohl-Kichererbsen-Salat im Glas gut durchschütteln, dann auf Teller oder Schalen verteilen und mit der Sesamsauce beträufeln.

4 × HOCHGESTAPELTE SALATE …

KNÄCKESALAT MIT PUTENBRUST

FÜR 2 PORTIONEN

Pro Portion ca. 280 kcal, 11 g E, 17 g F, 21 g KH

4 EL **Joghurt,** 2 EL **Aceto balsamico bianco,** 2 EL **Salatmayonnaise** und 1 TL **Zucker** verrühren. Das Dressing mit **Salz** und **Pfeffer** würzen. 100 g **Putenbrustaufschnitt** in Streifen schneiden. 6 **Radieschen** waschen und putzen, ½ **Bio-Salatgurke** waschen, beides in Scheiben schneiden. 50 g **Salat-Mix** waschen und trocken schleudern. 2 Scheiben **Knäckebrot** grob zerbröseln. In die Gläser zuerst das Dressing füllen, dann Gurke, Radieschen, Salat-Mix, Aufschnitt und Knäckebrot einschichten. Die **Kresse** von 1 Kästchen abschneiden und zuletzt ins Glas geben. Bis zum Verzehr kalt stellen.

MIE-NUDELSALAT MIT KORIANDERPESTO

FÜR 2 PORTIONEN

Pro Portion ca. 595 kcal, 13 g E, 31 g F, 61 g KH

125 g **Mie-Nudeln** nach Packungsanweisung bissfest garen, kalt abschrecken und abtropfen lassen. Zwischendurch 1 Bund **Koriandergrün** abbrausen und trocken schütteln. Die Spitzen abzupfen, Rest samt der Stiele grob hacken und mit 3 EL **Limettensaft,** 2 EL **Wasser,** 2 TL **Rohrohrzucker,** 4 EL **Öl** und 2 EL **Erdnusskernen** fein pürieren. Pesto mit 2 TL **Fischsauce, Salz** und **Pfeffer** würzen. 1 **Möhre** schälen, mit dem Sparschäler dünne Streifen abziehen. 1 **Frühlingszwiebel** waschen, putzen, fein schneiden. 50 g **Salat-Mix** waschen, trocken schleudern. In die Gläser zuerst das Pesto füllen, dann Möhre, Frühlingszwiebel, Nudeln, Salat-Mix, 2 EL **Erdnusskerne** und die Korianderspitzen einschichten. Bis zum Verzehr kalt stellen.

… im großen Schraub- oder Bügelglas (à 1 000 ml), damit sie bis zur Hungerattacke schön knackig und frisch bleiben. Ist es dann soweit, den Salat mit dem Dressing kurz durchschütteln und anschließend direkt aus dem Glas genießen oder vorher auf einen Teller geben.

GURKEN-MANGO-SALAT MIT LACHS

FÜR 2 PORTIONEN

Pro Portion ca. 385 kcal, 22 g E, 25 g F, 19 g KH

1 Pck. **Matcha-Latte-Pulver** (ca. 12 g, alternativ 2 TL Matcha-Pulver und 2 TL flüssigen Honig) mit 2 EL **Öl** und 2 EL **Zitronensaft** verrühren. Das Dressing mit **Salz** und **Pfeffer** würzen. ½ **Bio-Salatgurke** waschen und würfeln. ½ **Mango** schälen, das Fruchtfleisch vom Kern schneiden und ebenfalls würfeln. 125 g **Stremellachs** zerpflücken. 50 g **Rucola** waschen und trocken schleudern. 4 Stängel **Basilikum** abbrausen und trocken schütteln, die Blättchen abzupfen. In die Gläser zuerst das Dressing füllen, dann Gurke, Basilikum, Mango, Lachs, Rucola und 1 EL **Sesam** (eventuell vorher goldbraun rösten) einschichten. Bis zum Verzehr kalt stellen.

BLATTSALAT MIT FETA UND ERDBEEREN

FÜR 2 PORTIONEN

Pro Portion ca. 470 kcal, 18 g E, 31 g F, 27 g KH

2 Scheiben **Toastbrot** goldbraun toasten, abkühlen lassen. 2 EL **Aceto balsamico bianco,** 2 EL **Öl,** 2 TL **Dijonsenf** und 2 TL **flüssigen Honig** verrühren. Das Dressing mit **Salz** und **Pfeffer** würzen. 100 g **Salat-Mix** waschen und trocken schleudern. 250 g **Erdbeeren** waschen, entkelchen und halbieren. 100 g **Schafskäse** (Feta) und den Toast würfeln. 2 Stängel **Minze** abbrausen und trocken schütteln, die Blättchen abzupfen. In die Gläser Erdbeeren, Salat-Mix, 4 EL **Mandeln,** Feta, Toast und Minzeblättchen schichten. Dressing separat transportsicher verpacken. Bis zum Verzehr kalt stellen.

MIE-NUDELSUPPE MIT HACKFLEISCH

Nudelspaß to go

FÜR 2 PORTIONEN

250 g Mie-Nudeln
1 EL Öl
250 g Hackfleisch (halb und halb)
Salz | Pfeffer
1 ½ EL gelbe Currypaste
2 TL Gemüsebrühe (Instant)
3 EL Limettensaft
1 EL Rohrohrzucker
1 TL Ingwerpulver
2 TL Fischsauce (nach Belieben)
1 Frühlingszwiebel
1 kleines Bund Koriandergrün
2 EL Röstzwiebeln (Fertigprodukt)

Zubereitungszeit: 15 Min.
+ 5 Min. Ziehen
Pro Portion ca. 945 kcal
41 g E, 38 g F, 107 g KH

1 Die Mie-Nudeln nach Packungsanweisung bissfest garen, dann abgießen, kalt abschrecken und abtropfen lassen. Zwischendurch das Öl in einer Pfanne erhitzen. Darin das Hackfleisch bröselig braten, dabei ab und zu mal umrühren. Mit Salz und Pfeffer würzen, abkühlen lassen.

2 Für die Würzpaste die Currypaste mit der Gemüsebrühe, Limettensaft, Zucker, Ingwerpulver und eventuell der Fischsauce verrühren. Mit Salz und Pfeffer würzen und in zwei große Schraub- oder Bügelgläser (à 800 ml) füllen.

3 Die Frühlingszwiebel waschen, putzen und in feine Ringe schneiden. Den Koriander abbrausen und trocken schütteln, die Blättchen abzupfen.

4 Das Hackfleisch, die Frühlingszwiebelringe, die Mie-Nudeln, die Röstzwiebeln und zum Schluss das Koriandergrün auf die Würzpaste in den Gläsern schichten. Die Gläser verschließen.

5 Vor Ort gegebenenfalls die Gläser bis zur Verwendung kalt stellen. Dann vor dem Verzehr 700 ml Wasser aufkochen und sofort über die Suppenzutaten in den Gläsern gießen. Alles umrühren und die Suppe zugedeckt noch 4–5 Min. ziehen lassen, bevor man sie genießt.

TOMATENSUPPE MIT TORTELLINI

Fruchtige Feelgood-Suppe

FÜR 2 PORTIONEN

1 Zwiebel
1 Knoblauchzehe
1 EL Olivenöl
1 TL flüssiger Honig (nach Belieben)
1 Dose stückige Tomaten (400 g)
350 ml Gemüsebrühe
100 g Sahne
3 EL italien. TK-Kräuter
1 EL Aceto balsamico bianco
1 EL Speisestärke
50 ml Orangensaft
2 Prisen Cayennepfeffer
Salz | Pfeffer
250 g frische Tortellini (aus dem Kühlregal, beliebige Füllung)

Zubereitungszeit: 15 Min.
Pro Portion ca. 620 kcal
19 g E, 32 g F, 59 g KH

1 Die Zwiebel und den Knoblauch schälen und fein würfeln. Das Olivenöl und eventuell den Honig in einem Topf erhitzen. Darin die Zwiebel und den Knoblauch glasig dünsten.

2 Tomaten, Gemüsebrühe, Sahne, TK-Kräuter und Balsamessig dazugeben. Suppe aufkochen und 5 Min. bei kleiner Hitze köcheln lassen.

3 Die Stärke mit dem Orangensaft verrühren und zur Suppe geben. Diese unter Rühren kurz weiterköcheln lassen, bis sie leicht dicklich ist. Die cremige Tomatensuppe mit Cayennepfeffer, Salz und Pfeffer abschmecken.

4 Für den Transport die ungegarten Tortellini in zwei große mikrowellenfeste Transportbehälter aus Glas (à ca. 900 ml) füllen, die heiße Suppe darübergießen. Abkühlen lassen.

5 Vor Ort gegebenenfalls die Suppe bis zur Verwendung kalt stellen. Dann die Behälter nacheinander in die Mikrowelle stellen und die Tomatensuppe erhitzen. Anschließend die Suppe noch ca. 1 Min. ziehen lassen, sodass die Tortellini gar sind. Fertig!

TIPP:
Für noch mehr Aroma die fruchtig-würzige Tomatensuppe vor dem Verzehr mit etwas geriebenem Parmesan bestreuen.

0 5 10 15 20 25 30 35 40 45 50 55

POLENTAGRATIN MIT BLUMENKOHL

Soulfood aus Norditalien

FÜR 2 PORTIONEN

130 g Instant-Polenta (Maisgrieß)
300 ml Milch
1 EL Aceto balsamico bianco
2 TL getrockneter Oregano
2 Prisen Zucker
Salz | Pfeffer
200 g Kirschtomaten
225 g TK-Blumenkohl
40 g schwarze Oliven (ohne Stein)
125 g italienischer Weichkäse
(am Stück, z. B. Taleggio)
2 EL Butter

Zubereitungszeit: 15 Min.
+ 30 Min. Backen
+ 10 Min. Aufwärmen
Pro Portion ca. 755 kcal
25 g E, 42 g F, 71 g KH

1 Den Backofen auf 200° vorheizen. In einem Topf den Maisgrieß mit Milch, 300 ml Wasser, Balsamessig, Oregano, Zucker, Salz und Pfeffer zum Kochen bringen. Dann bei kleiner Hitze unter Rühren in ca. 4 Min. zu einer dicklichen Polenta einkochen lassen.

2 Die Polenta in zwei flache ofen- und mikrowellenfeste Transportbehälter (ca. 18 × 18 cm, aus Glas) füllen. Tomaten waschen und mit dem gefrorenen Blumenkohl und den Oliven auf der Polenta verteilen. Mit Salz und Pfeffer würzen. Den Käse in kleine Stücke schneiden, die Butter in Flöckchen. Beides auf dem Gemüse verteilen.

3 Die Polentagratins im Ofen (Mitte) 30 Min. backen, bis die Oberfläche leicht gebräunt ist. Herausnehmen, leicht abkühlen lassen und die Behälter verschließen.

4 Vor Ort gegebenenfalls die Behälter bis zur Verwendung kalt stellen. Dann die Gratins ohne Deckel in der Mikrowelle (800 Watt) 3–4 Min. oder im 120° heißen Backofen (Mitte) 10 Min. erhitzen und genießen.

TIPP:
Für alle, die es etwas herzhafter mögen, ist Gorgonzola ein heißer Tipp.

4 × QUICHES À LA ARME RITTER …

CRANBERRY-LAUCH-QUICHE

FÜR 2 PORTIONEN
Pro Portion ca. 615 kcal, 29 g E, 27 g F, 63 g KH

4 Scheiben **Ciabattabrot** in zwei ofen- und mikrowellenfeste Transportbehälter (aus Glas, ca. 20 × 15 cm) legen. 1 Stange **Lauch** putzen, in dünne Ringe schneiden, waschen und noch tropfnass mit 1 EL **Butter** in einer Pfanne 5 Min. dünsten. **Salzen, pfeffern** und auf dem Brot verteilen. Je 2 EL **Kürbiskerne** und **Cranberrys** darüberstreuen. 4 **Eier** (M), 150 ml **Milch** und 2 TL **Aceto balsamico bianco** verrühren. Mit **Salz, Pfeffer** und frisch geriebener **Muskatnuss** würzen. Den Guss auf dem Belag verteilen. Die Quiches im 200° heißen Ofen (Mitte) 25 Min. backen. Herausnehmen und abkühlen lassen, dann die Behälter verschließen. Vor und nach dem Transport kalt stellen. Die Quiches vor dem Verzehr in der Mikrowelle erhitzen.

SARDELLEN-OLIVEN-QUICHE

FÜR 2 PORTIONEN
Pro Portion ca. 480 kcal, 27 g E, 17 g F, 53 g KH

4 Scheiben **Kastenweißbrot** in zwei ofen- und mikrowellenfeste Transportbehälter (aus Glas, ca. 20 × 15 cm) legen. Eventuell 1 **Knoblauchzehe** schälen und die Brotscheiben damit einreiben. 1 **rote Zwiebel** schälen, in dünne Spalten schneiden, auf dem Brot verteilen. 6 **Sardellenfilets** (in Öl), 2 EL **Kalamata-Oliven** und 2 TL **Kapern** auf den Zwiebelspalten verteilen. 4 **Eier** (M), 150 ml **Milch** und 2 TL **Aceto balsamico bianco** verrühren. Mit **Salz** und **Pfeffer** würzen. Den Guss auf dem Belag verteilen. Die Quiches im 200° heißen Ofen (Mitte) 25 Min. backen. Herausnehmen und abkühlen lassen, dann die Behälter verschließen. Vor und nach dem Transport kalt stellen. Die Quiches vor dem Verzehr in der Mikrowelle erhitzen.

… mit altbackenen oder getoasteten Brotscheiben statt einem frisch gekneteten Mürbeteig als Boden. So können die Quiches im Handumdrehen zum Stocken und Bräunen in den 200° heißen Backofen.

ZIEGENKÄSE-TOMATEN-QUICHE

FÜR 2 PORTIONEN

Pro Portion ca. 620 kcal, 35 g E, 30 g F, 52 g KH

8 dünne Scheiben **Baguette** in zwei ofen- und mikrowellenfeste Transportbehälter (aus Glas, ca. 20 × 15 cm) legen. 150 g **Kirschtomaten** (am besten bunt, sonst nur eine Farbe nehmen) waschen, auf dem Brot verteilen. 100 g etwas festeren **Ziegenfrischkäse** grob zerbröckeln und darüberstreuen. 4 **Eier** (M), 150 ml **Milch,** 2 TL **Aceto balsamico bianco** und 1 EL **TK-Kräuter-der-Provence** verrühren. 1 **Knoblauchzehe** schälen und dazupressen. Mit **Salz** und **Pfeffer** würzen. Den Guss auf dem Belag verteilen. Die Quiches im 200° heißen Ofen (Mitte) 25 Min. backen. Herausnehmen und abkühlen lassen, dann die Behälter verschließen. Vor und nach dem Transport kalt stellen. Die Quiches vor dem Verzehr in der Mikrowelle erhitzen.

CAMEMBERT-SCHINKEN-QUICHE

FÜR 2 PORTIONEN

Pro Portion ca. 680 kcal, 42 g E, 33 g F, 54 g KH

8 dünne Scheiben **Baguette** in zwei ofen- und mikrowellenfeste Transportbehälter (aus Glas, ca. 20 × 15 cm) legen. 100 g **Camembert** in dünne Scheiben schneiden, 50 g **rohen Schinken** (luftgetrocknet, in Scheiben) zerrupfen, beides auf dem Brot verteilen. 4 **Eier** (M), 150 ml **Milch** und 2 TL **Aceto balsamico bianco** verrühren. Mit **Salz** und **Pfeffer** würzen. Den Guss auf dem Belag verteilen. Die Quiches im 200° heißen Ofen (Mitte) 25 Min. backen. Herausnehmen, mit jeweils ½ TL **flüssigem Honig** beträufeln und mit 4 zerbröckelten **Walnusskernen** bestreuen. Abkühlen lassen und die Behälter verschließen. Vor und nach dem Transport kalt stellen. Die Quiches vor dem Verzehr in der Mikrowelle erhitzen.

GRATINIERTES HÄHNCHENFILET

Mittagspausenveredler

FÜR 2 PORTIONEN

1 rote Paprika
2 Hähnchenbrustfilets (à ca. 200 g)
Salz | Pfeffer
½ TL edelsüßes Paprikapulver
350 g frische Gnocchi (aus dem Kühlregal)
100 g Reibekäse (z. B. Cheddar oder Gouda)
100 g Sahne
2 TL Dijonsenf
4 EL italien. TK-Kräuter
1 Knoblauchzehe

Zubereitungszeit: 15 Min.
+ 30 Min. Backen
+ 10 Min. Aufwärmen
Pro Portion ca. 900 kcal
71 g E, 36 g F, 71 g KH

1 Den Backofen auf 200° vorheizen. Paprika waschen, halbieren, weiße Trennwände und Kerne entfernen. Die Hälften möglichst klein würfeln. Hähnchenbrustfilets trocken tupfen und mit Salz, Pfeffer und Paprikapulver würzen. Die Filets in zwei flache ofen- und mikrowellenfeste Transportbehälter (aus Glas, ca. 20 × 15 cm) legen. Gnocchi und Paprika rundherum verteilen.

2 Den Reibekäse mit Sahne, 50 ml Wasser, Senf und Kräutern verrühren. Knoblauch schälen und dazupressen, mit Salz und Pfeffer würzen. Den Guss über dem Hähnchenfilet, der Paprika und den Gnocchi verteilen.

3 Die Transportbehälter in den Ofen (Mitte) stellen und alles in 25–30 Min. gar und goldbraun backen. Herausnehmen, leicht abkühlen lassen und die Behälter verschließen.

4 Vor Ort gegebenenfalls die Behälter bis zur Verwendung kalt stellen. Dann die gratinierten Hähnchenfilets ohne Deckel in der Mikrowelle (800 Watt) 3–4 Min. oder im 120° heißen Backofen (Mitte) 10 Min. erhitzen und genießen.

EIN TOPF UND EINE PFANNE

MEHR BRAUCHT ES NICHT ZUM SCHNELLEN KÜCHENGLÜCK

DIE SCHNELLEN 4 FÜR TOPF UND PFANNE

SPECK

Gepökelt und/oder geräuchert bereichert er allerlei deftige Gerichte mit seinem kräftigen Geschmack | portioniert in 50-g-Packungen aus dem Kühlregal perfekt für die faule Blitzküche | je nach Geschmack fettere (durchwachsene) oder magere Varianten nehmen | gemeinsam mit Graubrot-Croûtons, Pinienkernen und Dill herzhaftes Knuspertopping für **Erbsensuppe** (Seite 56) | harmoniert auch wunderbar mit **Gnocchi und Kräuterseitlingen** (Seite 62) aus der Pfanne | macht aus **Käsespätzle mit Grünkohl** (Seite 66) schwäbisches Seelenfutter | kross gebratene Scheiben vom Frühstücksspeck mit Ananassalsa auf **Süßkartoffel-Waikiki-Toasts** (Seite 52) sind ein zeitgemäßes Update für Toast Hawaii.

HACK & WÜRSTCHEN

Blitzschnell gebraten, daher genau richtig für faule Küchenschnellschüsse | nicht lange haltbar, daher kurzfristig kaufen und rasch aufbrauchen | gebraten mit Rosmarin und Kirschtomaten verführerische Nudelpfanne als **Pasta mit Ragù** (Seite 74) | Rinderhack-Patties sind das Herzstück der superbequemen **Ranch-Burger** (Seite 75) | mit Birne, Chili und Ingwer genial gewürzt und der Mittelpunkt der **Bulgogi-Schiffchen** (Seite 104) | grobe Bratwurst wird zum tomatigen **Ragout** zu herrlich cremiger **Polenta** (Seite 74) | feine Bratwurst und Bratkartoffeln ergeben zusammen mit Spitzkohl, Kürbiskernen und Speck einen deftigen **Salat** zum Sattessen (Seite 82) | würzige Merguez macht **Linsensalat** (Seite 75) zu einem ganz besonderen Hochgenuss.

FRÜHLINGSZWIEBELN

Ganzjährig erhältlich | mit mildem Laucharoma | fix geputzt und klein geschnibbelt | dürfen gegart ruhig noch etwas Biss haben, schmecken auch roh | grüner Farbklecks in fruchtig-scharfer Ananassalsa auf **Süßkartoffel-Waikiki-Toasts** (Seite 52) | auch in (Süd-)Ostasien ein Klassiker, etwa als Zutat in würzigem **Rührei mit Garnelen** (Seite 54) und im **Beef-Teriyaki** (Seite 72) aus Japan | bester Nebendarsteller in salbeiwürzigen **Gnocchi mit Kräuterseitlingen** (Seite 62) und der **Pasta mit Filetstreifen und Cranberrys** (Seite 64) | sorgen roh im **Spitzkohl-Kichererbsen-Salat** (Seite 30) und im hochgestapelten **Mie-Nudelsalat mit Korianderpesto** (Seite 32) für eine feine, zarte Zwiebelnote | ideale Würzzutat für viele Salate, Suppen und Pfannengerichte.

KIRSCHTOMATEN

Viel aromatischer als die meisten großen Tomaten | angenehm fruchtiger, leicht süßlicher Geschmack | auch gemischt mit gelben und orangen Tomaten erhältlich | blitzschnell gegart und auch roh sehr fein | ein echter Hingucker in **Couscous-Gemüse-Pfanne** (Seite 68) und **Linsensalat mit Merguez** (Seite 75) | viel besser als Dosentomaten in einer **Pasta mit Ragù** (Seite 74) | farbenfrohes Highlight und leckerer Kontrapunkt zum **Kabeljau** aus der Pfanne (Seite 76) | machen auch aus dem Ofen riesig Spaß als Bestandteil des **Polentagratins mit Blumenkohl** (Seite 38) und der **Ziegenkäse-Tomaten-Quiche** (Seite 41) | schon am Morgen ein Augenöffner in der **Herzhaften Frühstücks-Bowl** (Seite 24) | perfekt für eine **extraschnelle Caprese:** In einem großen Glas Kirschtomaten, Mini-Mozzarella und Basilikumblättchen mischen. Mit Aceto balsamico und Olivenöl beträufeln, salzen und pfeffern.

SPARGEL MIT AVOCADO-MAYO

Blitzschnelle Edelvorspeise

FÜR 2 PORTIONEN

½ Avocado (Hass)
60 g Salatmayonnaise
2 EL Zitronensaft
Salz | Pfeffer
500 g grüner Spargel (möglichst kurze Stangen)
1 EL Pinienkerne
1 EL Olivenöl
1 Knoblauchzehe
1 EL Butter
50 g Parmesan (am Stück)

Zubereitungszeit: 15 Min.
Pro Portion ca. 525 kcal
14 g E, 48 g F, 9 g KH

1 Für die Mayo das Avocadofruchtfleisch mit einem Esslöffel aus der Schale lösen und mit einer Gabel möglichst fein zerdrücken. Mit Salatmayonnaise und 1 EL Zitronensaft verrühren, mit Salz und Pfeffer würzen und beiseitestellen.

2 Den Spargel waschen und holzige Enden abschneiden oder schälen. Die Pinienkerne in einer Pfanne goldbraun rösten, herausnehmen. Das Olivenöl in der Pfanne erhitzen. Darin die Spargelstangen bei mittlerer Hitze in 2 Min. rundherum hellbraun braten. Inzwischen die Knoblauchzehe schälen und halbieren.

3 Knoblauch, Butter und 4 EL Wasser in die Pfanne geben und den Spargel zugedeckt in weiteren 4 Min. bissfest dünsten, dabei hin und wieder durchschwenken. Inzwischen den Parmesan mit einem Sparschäler in Späne »hobeln« und diese grob zerbröckeln.

4 Pinienkerne und übrigen Zitronensaft (1 EL) in die Pfanne geben und alles kurz schwenken. Den Spargel mit Salz und Pfeffer würzen.

5 Die Avocado-Mayo auf Teller verteilen, den Spargel samt der Pinienkeren darauflegen. Mit etwas Pfeffer bestreuen, den Parmesan darauf verteilen, servieren. Dazu passt Baguette oder Ciabattabrot sehr gut.

AUBERGINEN-THUNFISCH-CROSTINI

Knuspriger Antipasti-Knaller

FÜR 2 PORTIONEN

1 kleine Aubergine (ca. 10 cm lang)
100 ml Öl
Salz | Pfeffer
1 Dose Thunfisch (in Öl, 130 g Abtropfgewicht)
4 getrocknete Tomaten (in Öl)
3 EL Salatmayonnaise
2 TL Kapern (samt 2 TL Essiglake)
½ TL edelsüßes Paprikapulver
½ Ciabattabrot (ca. 10 cm)
½ Bund Schnittlauch

Zubereitungszeit: 15 Min.
Pro Portion ca. 425 kcal
18 g E, 32 g F, 16 g KH

1 Die Aubergine waschen, putzen und quer in 1 cm dicke Scheiben schneiden. In einer großen Pfanne 70 ml Öl erhitzen. Darin die Auberginenscheiben bei nicht zu großer Hitze in ca. 5 Min. goldbraun braten, dabei einmal wenden. Die Auberginenscheiben auf Küchenpapier entfetten, dann mit Salz und Pfeffer würzen. Die Pfanne mit Küchenpapier auswischen.

2 Während die Auberginenscheiben braten, Thunfisch und Tomaten abtropfen lassen. Den Thunfisch mit einer Gabel zerdrücken und mit der Mayonnaise vermischen. Die Tomaten fein würfeln und mit den Kapern, der Essiglake und dem Paprikapulver unter die Thunfischcreme mischen. Mit Salz und Pfeffer abschmecken.

3 Das übrige Öl (30 ml) in die Pfanne geben und erhitzen. Das Ciabattabrot in 8 Scheiben schneiden und in der Pfanne von beiden Seiten knusprig braun braten. Herausnehmen und auf Küchenpapier entfetten.

4 Die Auberginenscheiben auf die gerösteten Brotscheiben legen und die Thunfischcreme darauf verteilen. Den Schnittlauch abbrausen, trocken schütteln und in Röllchen schneiden. Die Crostini mit dem Schnittlauch garnieren.

TIPP:
Die Thunfischcreme nach Wunsch noch mit 1 durchgepressten Knoblauchzehe tunen oder die gerösteten Brotscheiben mit 1 halbierten Knoblauchzehe abreiben.

SÜSSKARTOFFEL-WAIKIKI-TOASTS

Geniales Klassiker-Update mit fruchtiger Salsa

FÜR 2 PORTIONEN

1 Süßkartoffel (ca. 400 g)
200 g Ananasfruchtfleisch (aus der Frischetheke)
1 Frühlingszwiebel
1 TL flüssiger Honig
1 EL Limettensaft
Salz | Pfeffer
2 Prisen Cayennepfeffer
1 TL Öl
40 g Frühstücksspeck (4 Scheiben)
70 g Cheddar (4 Scheiben)

Zubereitungszeit: 15 Min.
Pro Portion ca. 520 kcal
16 g E, 21 g F, 65 g KH

1 Die Süßkartoffel gründlich waschen oder schälen und aus dem mittleren Teil der Länge nach 4 Scheiben (½ cm dick) herausschneiden. Den Rest anderweitig verwenden, z. B. für eine Suppe. Die Süßkartoffelscheiben im Toaster bei mittlerer bis großer Hitze jeweils 5–6 Min. toasten, bis sie gebräunt und gar sind.

2 Inzwischen für die Salsa die Ananas in möglichst kleine Würfel schneiden. Die Frühlingszwiebel waschen, putzen und in feine Ringe schneiden. Beides mit Honig und Limettensaft verrühren und die Salsa mit Salz, Pfeffer und Cayennepfeffer leicht scharf abschmecken.

3 Das Öl in einer Pfanne erhitzen. Darin den Frühstücksspeck bei großer bis mittlerer Hitze knusprig auslassen. Dann die Speckscheiben mit den Käsescheiben belegen, die Hitze klein stellen und den Käse zugedeckt in 2–3 Min. schmelzen lassen.

4 Die Süßkartoffeltoasts auf Teller verteilen, mit dem überbackenen Frühstücksspeck und der Ananassalsa toppen und servieren.

TIPP:
Alternativ die Toasts im 200° heißen Backofen gratinieren: Die fertig getoasteten Süßkartoffelscheiben nebeneinander auf ein mit Backpapier ausgelegtes Backblech geben und mit den knusprig ausgelassenen Speckscheiben belegen. Darauf die Käsescheiben verteilen. Im Ofen (Mitte) 5 Min. überbacken.

RÜHREI MIT GARNELEN

Frühstücks-Hit mit Asia-Note

FÜR 2 PORTIONEN

1 Bund Frühlingszwiebeln
200 g Garnelen (geschält und küchenfertig, aufgetaute TK-Ware oder frisch)
2 EL Mehl
4 Eier (M)
1 EL Sojasauce
2 TL Fischsauce
1 TL Ingwerpulver
1 Knoblauchzehe
Salz
1 EL Öl
2 TL Sesam

Zubereitungszeit: 15 Min.
Pro Portion ca. 375 kcal
31 g E, 21 g F, 15 g KH

1 Die Frühlingszwiebeln waschen, putzen und in feine Ringe schneiden. Die Garnelen kurz in warmes Wasser einlegen, dann ein wenig ausdrücken und trocken tupfen.

2 Für das Rührei das Mehl mit 3 EL Wasser glatt verrühren, dann die Eier, die Soja- und Fischsauce und das Ingwerpulver unterrühren. Den Knoblauch schälen und dazupressen. Die Mischung mit wenig Salz würzen.

3 In einer großen Pfanne das Öl erhitzen. Darin die Garnelen 1–2 Min. anbraten. Die Frühlingszwiebeln dazugeben und kurz mitbraten, dann die Eiermischung hinzufügen. Alles mit dem Pfannenwender einige Male durch die Pfanne schieben, bis das Ei gerade gestockt ist.

4 Das Rührei auf Teller verteilen, mit Sesam bestreuen und servieren. Dazu passt Brot.

TIPP:
Für alle, die es scharf mögen: Sambal Oelek oder Srirachasauce mit auf den Tisch stellen, sodass man nach Gusto davon nehmen kann.

4 × GENIALE BLITZSUPPEN …

ERBSENSUPPE

FÜR 2 PORTIONEN
Pro Portion ca. 475 kcal, 21 g E, 23 g F, 44 g KH

Im Wasserkocher 400 ml **Wasser** aufkochen. Mit 2 TL **Gemüsebrühe** (Instant), 225 g gefrorenen **TK-Erbsen,** 100 g gefrorenem **TK-Suppengemüse** und 100 g **Sahne** in einen Topf geben. Aufkochen und 10 Min. zugedeckt bei kleiner bis mittlerer Hitze köcheln lassen. Inzwischen 2 Scheiben **Graubrot** würfeln. Mit 50 g **Speckwürfeln** in eine Pfanne geben und bei mittlerer Hitze braten, bis das Brot knusprig braun ist. 1 EL **Pinienkerne** dazugeben und ebenfalls bräunen. 2 TL **TK-Dill** unterrühren, die Pfanne vom Herd nehmen. Die Suppe fein pürieren und mit 1 EL **Limettensaft** und 2 TL **TK-Dill** würzen. Mit **Salz** und **Pfeffer** abschmecken. Die Erbsensuppe auf Schüsseln verteilen und die Croûtons darauf anrichten. Tipp: Ein paar Limettenspalten dazu servieren, sodass man die Suppe nach Geschmack nachsäuern kann.

MÖHRENSUPPE

FÜR 2 PORTIONEN
Pro Portion ca. 450 kcal, 13 g E, 22 g F, 47 g KH

Im Wasserkocher 400 ml **Wasser** aufkochen. 350 g **Bio-Möhren** waschen, putzen und in Scheiben schneiden. Beides mit ½ Pck. **TK-Suppengrün**, 1 TL **Currypaste** (gelb oder rot), ½ EL **Butter,** 100 ml **gelbem Smoothie** und etwas **Salz** in einen Topf geben. Aufkochen und 10 Min. zugedeckt bei kleiner Hitze köcheln lassen. Inzwischen ½ EL **Butter** in einer Pfanne schmelzen. 30 g **Walnusskerne** in groben Stücken in die Pfanne bröckeln und bei mittlerer Hitze 1–2 Min. anrösten. 50 g **Heidelbeeren** waschen und abtropfen lassen. 1 Handvoll **Basilikumblättchen** abbrausen und trocken tupfen. Beides zu den Nüssen geben, durchschwenken, vom Herd nehmen. Die Suppe fein pürieren und mit **Salz** und **Pfeffer** würzen. Möhrensuppe auf Schüsseln verteilen, je 1 EL **Ziegenfrischkäse** hineinsetzen und das Topping darübergeben. Dazu passt: Baguette oder Ciabatta.

..., die nicht erst stundenlang köcheln müssen, um echten Geschmack zu entwickeln. Eine Viertelstunde reicht völlig aus!

CAJUN-KÜRBISSUPPE

FÜR 2 PORTIONEN

Pro Portion ca. 280 kcal, 11 g E, 17 g F, 16 g KH

Im Wasserkocher 500 ml **Wasser** aufkochen und mit 2 TL **Gemüsebrühe** (Instant) verrühren. 1 Stück **Ingwer** (3 cm lang) schälen und fein würfeln. 1 EL **Öl** in einem Topf erhitzen. Darin 250 g gefrorenen **TK-Kürbis,** 100 g gefrorenen **TK-Lauch** und Ingwer andünsten. 1 TL **Cajun-Gewürz** und 1 TL **Zucker** kurz mitdünsten, Brühe angießen. Aufkochen und 8–10 Min. zugedeckt bei kleiner Hitze köcheln lassen. Inzwischen 1 EL **Butter** in einer Pfanne schmelzen. 1 **Knoblauchzehe** schälen, hineinpressen. 125 g aufgetaute **TK-Garnelen** (geschält und küchenfertig) dazugeben und bei kleiner bis mittlerer Hitze 5 Min. braten. Mit ½ TL **Cajun-Gewürz,** ½ EL **Limettensaft, Salz** und **Pfeffer** würzen. Die Suppe fein pürieren und mit 1 EL **Limettensaft**, **Salz** und **Pfeffer** abschmecken. Kürbissuppe auf Schüsseln verteilen, je 1 EL **Schmand** hineinsetzen und die Garnelen darauf anrichten.

PAPRIKASUPPE

FÜR 2 PORTIONEN

Pro Portion ca. 445 kcal, 13 g E, 27 g F, 31 g KH

Im Wasserkocher 300 ml **Wasser** aufkochen und mit 2 TL **Gemüsebrühe** (Instant) verrühren. 1 **rote Paprika** waschen, putzen, klein würfeln. 1 EL **Öl** in einem Topf erhitzen. Darin Paprika und 100 g gefrorenen **TK-Lauch** 3 Min. andünsten. 1 Dose **Kichererbsen** (265 g Abtropfgewicht) in ein Sieb abgießen, abbrausen, abtropfen lassen. Mit 2 TL **gelber Currypaste** und 2 TL **Zucker** in den Topf geben und alles kurz durchschwenken. Brühe und 200 g **Kokosmilch** hinzufügen. Aufkochen und 8 Min. zugedeckt bei kleiner Hitze köcheln lassen. 1 Bund Koriandergrün abbrausen und trocken schütteln, Blättchen abzupfen. Mit 1 TL **Fischsauce** und 1 EL **Limettensaft** unter die Suppe rühren, mit **Salz** abschmecken. Paprikasuppe nach Belieben pürieren, auf Schüsseln verteilen. Tipp: Limettenspalten dazu servieren, sodass man die Suppe nachsäuern kann.

SAUERKRAUTEINTOPF

Perfekt mit Süßkartoffeln

FÜR 2 PORTIONEN

1 Zwiebel
125 g Räuchertofu
1 EL Öl
1 kleine Süßkartoffel (ca. 200 g)
1 EL Rosinen
150 ml süßer Cidre (doux)
Salz
1 Pck. 3-Minuten-Sauerkraut (350 g)
50 g Frischkäse
½ TL gemahlener Kümmel
½ TL edelsüßes Paprikapulver
Pfeffer

Zubereitungszeit: 15 Min.
Pro Portion ca. 375 kcal
16 g E, 18 g F, 30 g KH

1 Im Wasserkocher 100 ml Wasser aufkochen. Die Zwiebel schälen und klein würfeln, den Tofu grob würfeln. Öl in einem Topf erhitzen. Darin die Zwiebel und den Tofu ca. 2 Min. anbraten. Inzwischen Süßkartoffel schälen, dann zunächst in ca. ½ cm dicke Scheiben, anschließend in Streifen schneiden.

2 Süßkartoffel und Rosinen in den Topf geben und kurz mitbraten. Mit dem Cidre ablöschen, das heiße Wasser angießen, salzen. Alles zugedeckt 8 Min. bei kleiner Hitze köcheln lassen.

3 Sauerkraut, Frischkäse, Kümmel und Paprikapulver unter die Süßkartoffeln mischen und den Eintopf noch kurz köcheln lassen, bis das Kraut heiß ist. Mit Salz und Pfeffer abschmecken.

TIPP:
Dieser Eintopf schmeckt auch sehr gut mit (vorwiegend) festkochenden Kartoffeln statt mit Süßkartoffeln, er muss dann aber mindestens 5 Min. länger kochen.

MAROKKANISCHER LINSENTOPF

Herrlich würzig und angenehm wärmend

FÜR 2 PORTIONEN

1 Zwiebel
1 EL Öl
200 g bunte Kirschtomaten
¼ Pck. TK-Suppengemüse (ca. 100 g)
1 EL Tomatenmark
2 TL flüssiger Honig
4 getrocknete Aprikosen
100 g rote Linsen
2 TL Tajine-Gewürz (siehe Tipp)
Salz
1 EL Butter
1 EL Zitronensaft
1 EL TK-Petersilie
Pfeffer

Zubereitungszeit: 15 Min.
Pro Portion ca. 415 kcal
17 g E, 13 g F, 55 g KH

1 Im Wasserkocher 500 ml Wasser aufkochen. Die Zwiebel schälen und klein würfeln. Das Öl in einem Topf erhitzen und die Zwiebelwürfel darin andünsten. Die Tomaten waschen und mit dem gefrorenen Suppengemüse, Tomatenmark und Honig dazugeben, kurz mitdünsten.

2 Aprikosen klein würfeln und mit den Linsen und dem Tajine-Gewürz unter das Gemüse mischen. Das heiße Wasser angießen und alles zugedeckt 8–10 Min. bei kleiner Hitze köcheln lassen, dabei nach der Hälfte der Zeit salzen.

3 Butter, Zitronensaft und die Petersilie unter den Linseneintopf rühren. Mit Salz und Pfeffer abschmecken. Auf Teller verteilen und servieren.

TIPP:
Im gut sortierten Supermarkt sind mittlerweile unterschiedliche marokkanisch oder arabisch angehauchte Gewürzmischungen erhältlich, wie etwa das Tajine-Gewürz. Der Eintopf schmeckt aber auch mit Baharat oder Ras el Hanout ganz hervorragend.

GNOCCHI MIT KRÄUTERSEITLINGEN

Mediterraner Pfannenzauber

FÜR 2 PORTIONEN

1 EL Öl
500 g frische Gnocchi (aus dem Kühlregal)
150 g kleine Kräuterseitlinge
2 Stängel Salbei
1 Knoblauchzehe
50 g Speckwürfel
1 Prise Zucker
3 Frühlingszwiebeln
½ EL Aceto balsamico bianco
Salz | Pfeffer
2 Prisen frisch geriebene Muskatnuss
2 EL geriebener Parmesan (nach Belieben)

Zubereitungszeit: 15 Min.
Pro Portion ca. 545 kcal
20 g E, 10 g F, 94 g KH

1 Das Öl in einer Pfanne erhitzen. Die Gnocchi darin zugedeckt 5 Min. bei mittlerer Hitze braten, dabei hin und wieder wenden.

2 Inzwischen die Kräuterseitlinge putzen und klein schneiden. Die Pilze zu den Gnocchi in die Pfanne geben und 3–4 Min. mitbraten.

3 Den Salbei abbrausen und trocken schütteln, die Blättchen abzupfen. Den Knoblauch schälen und in feine Scheiben schneiden. Beides mit den Speckwürfeln und dem Zucker in die Pfanne geben. Alles weitere 3 Min. braten.

4 Die Frühlingszwiebeln waschen, putzen und in dünne Ringe schneiden. Ebenfalls dazugeben und 1 Min. mitbraten. Dann die Gnocchi-Pfanne mit Balsamessig ablöschen. Mit Salz, Pfeffer und Muskat würzen. Die Pilz-Gnocchi auf Teller verteilen und mit dem Parmesan bestreuen.

TIPP:
Auch Champignons (in Scheiben), Pfifferlinge oder Austernpilze (in Streifen) passen perfekt zu den gebratenen Gnocchi.

4 × VERLOCKENDE PASTA …

PASTA MIT ERBSEN UND GORGONZOLA

FÜR 2 PORTIONEN

Pro Portion ca. 575 kcal, 21 g E, 19 g F, 78 g KH

Im Wasserkocher reichlich Wasser aufkochen und in einen Topf umfüllen, **salzen.** Darin 200 g **Farfalle** nach Packungsanweisung bissfest garen, dabei 100 g gefrorene **TK-Erbsen** ca. 4 Min. mitkochen. Inzwischen 1 EL **Butter** und 70 g **Gorgonzola** in eine Pfanne geben und bei kleiner Hitze schmelzen lassen, dabei 2–3 EL Kochwasser dazugeben und rühren, bis eine glatte Käsesauce entstanden ist. Die Nudeln und Erbsen in ein Sieb abgießen, kurz abtropfen lassen und in die Pfanne geben. Die Pasta durchschwenken, **salzen, pfeffern** und nach Belieben noch mit etwas frisch geriebener **Muskatnuss** abschmecken. Fertig!

PASTA MIT FILETSTREIFEN UND CRANBERRYS

FÜR 2 PORTIONEN

Pro Portion ca. 650 kcal, 38 g E, 16 g F, 86 g KH

Im Wasserkocher reichlich Wasser aufkochen und in einen Topf umfüllen, **salzen.** Darin 200 g **Bucatini** nach Packungsanweisung bissfest garen. Inzwischen 1 **Knoblauchzehe** schälen und in dünne Scheiben schneiden. 3 **Frühlingszwiebeln** waschen, putzen und in 1 cm lange Stücke schneiden. 250 g **Schweinefilet** in dünne Streifen schneiden. ½ EL **Öl** in einer Pfanne erhitzen und die Filetstreifen darin 4 Min. anbraten. Knoblauch, Frühlingszwiebeln, 2 EL **Cranberrys** und 1 TL **flüssigen Honig** dazugeben, kurz weiterbraten. 2 EL **Kräuterbutter** dazugeben und schmelzen lassen, 1 EL **Aceto balsamico bianco** unterrühren. Die Nudeln in ein Sieb abgießen, kurz abtropfen lassen und in die Pfanne geben. Die Pasta durchschwenken, **salzen** und **pfeffern.** Fertig!

..., bei der Topf und Pfanne Hand in Hand arbeiten. Während die Nudeln (die Sorten können übrigens frei variiert werden) im Topf al dente kochen, brutzelt in einer Pfanne schon die Sauce. Am Ende wird alles zusammen nur noch kurz in der Pfanne geschwenkt – und fertig ist der 15-Minuten-Pasta-Traum.

PASTA MIT ZUCCHINI UND TOMATEN

FÜR 2 PORTIONEN
Pro Portion ca. 560 kcal, 17 g E, 14 g F, 87 g KH

Im Wasserkocher reichlich Wasser aufkochen und in einen Topf umfüllen, **salzen.** Darin 200 g **Penne** nach Packungsanweisung bissfest garen. Inzwischen 300 g **Zucchini** waschen, putzen und grob würfeln. 1 Zweig **Rosmarin** abbrausen und trocken schütteln. 50 g **getrocknete Tomaten** (in Öl) abtropfen lassen und fein würfeln. 1 EL **Olivenöl** in einer Pfanne erhitzen und darin die Zucchini mit dem Rosmarin 3 Min. anbraten. Die Tomatenwürfel, 30 g **schwarze Oliven** (ohne Stein), 2 TL flüssigen Honig und 1 EL Weißweinessig hinzufügen, durchrühren. Die Nudeln in ein Sieb abgießen, kurz abtropfen lassen und in die Pfanne geben. Die Pasta durchschwenken, **salzen, pfeffern** und nach Belieben noch mit etwas **Cayennepfeffer** abschmecken. Fertig!

PASTA MIT SPINAT UND PECORINO

FÜR 2 PORTIONEN
Pro Portion ca. 680 kcal, 21 g E, 25 g F, 92 g KH

Im Wasserkocher reichlich Wasser aufkochen und in einen Topf umfüllen, **salzen.** 1 **Knoblauchzehe** schälen, halbieren und dazugeben. Darin 200 g **Casarecce** nach Packungsanweisung bissfest garen. Inzwischen 200 g **Baby-Blattspinat** waschen und trocken schleudern. Mit 30 g **Butter,** 3 TL **Kapern** samt 2 TL **Essiglake** und 1 EL **Zitronensaft** in eine Pfanne geben. Spinat in 2 Min. zusammenfallen lassen. Die Nudeln in ein Sieb abgießen, kurz abtropfen lassen und in die Pfanne geben. Pasta durchschwenken, **salzen, pfeffern** und mit etwas frisch geriebener **Muskatnuss** abschmecken. Die Pasta auf Teller verteilen, 40 g **Pecorino** (in Spänen) darübergeben und 1 EL **Walnusskerne** darüberbröckeln. Fertig!

KÄSESPÄTZLE MIT GRÜNKOHL

Winterlicher Seelentröster

FÜR 2 PORTIONEN

1 rote Zwiebel
1 EL Butter
50 g Speckwürfel
150 g TK-Grünkohl (grob gehackt)
250 g frische Spätzle (aus dem Kühlregal)
½ TL Kümmel
½ TL Zucker
75 g Greyerzer (am Stück)
50 g geriebener Emmentaler
2 TL Weißweinessig
½ TL edelsüßes Paprikapulver
Salz | Pfeffer
2 EL Röstzwiebeln (Fertigprodukt)

Zubereitungszeit: 15 Min.
Pro Portion ca. 640 kcal
34 g E, 37 g F, 41 g KH

1 Die Zwiebel schälen und klein würfeln. Die Butter in einer Pfanne schmelzen. Zwiebel und Speckwürfel darin andünsten. Gefrorenen TK-Grünkohl, Spätzle, Kümmel, 50 ml Wasser und Zucker hinzufügen und alles zugedeckt weitere 6 Min. dünsten, dabei ab und zu umrühren.

2 Inzwischen den Greyerzer fein reiben und mit dem Emmentaler vermischen.

3 Die Spätzle-Grünkohl-Mischung mit Essig, Paprikapulver, Salz und Pfeffer würzen. Dann nach und nach unter Rühren den Käse dazugeben und schmelzen lassen. Die Röstzwiebeln darüberstreuen, die Spätzle auf Teller verteilen und sofort servieren.

COUSCOUS-GEMÜSE-PFANNE

Sommerlich leicht

FÜR 2 PORTIONEN

1 gelbe Paprika
300 g Zucchini
150 g Kirschtomaten
1 EL Öl
50 g Tahin (Sesampaste)
3 EL Zitronensaft
125 g Joghurt
1 Knoblauchzehe
Salz | Pfeffer
1 EL flüssiger Honig
1 EL Aceto balsamico bianco
300 g gegarter Couscous (vom Vortag)
1 EL TK-Dill (nach Belieben)

Zubereitungszeit: 15 Min.
Pro Portion ca. 850 kcal
29 g E, 20 g F, 136 g KH

1 Die Paprika waschen, halbieren, weiße Trennwände und Kerne entfernen. Die Hälften nicht zu klein würfeln. Zucchini und Tomaten waschen, Zucchini putzen und ebenfalls würfeln.

2 In einer Pfanne das Öl erhitzen. Die Paprikawürfel darin anbraten. Die Zucchiniwürfel und die Tomaten dazugeben und alles ca. 8 Min. weiterbraten, bis das Gemüse knapp gar ist.

3 Inzwischen für den Dip zunächst Tahin und 2 EL Zitronensaft verrühren, dann die Mischung unter den Joghurt rühren. Knoblauch schälen und dazupressen. Mit Salz und Pfeffer würzen.

4 Den Honig in die Pfanne geben und das Gemüse durchschwenken. Mit Balsamessig und dem übrigen Zitronensaft (1 EL) ablöschen. Den Couscous unterrühren und heiß werden lassen. Mit Salz und Pfeffer würzen, eventuell noch den Dill untermischen. Die Couscous-Gemüse-Pfanne auf Teller verteilen, Sesamdip dazu servieren.

PUTEN-STIR-FRY

Köstlicher Asia-Quickie

FÜR 2 PORTIONEN

200 g Brokkoli
1 rote Paprika
150 g kleine Shiitake (Pilze)
250 g Putenbrustfilet
1 EL Öl
Salz | Pfeffer
75 ml Gemüsebrühe
3 EL Sojasauce
1½ EL Zitronensaft
1½ EL flüssiger Honig
2 TL Ingwerpaste (aus dem Glas)
3 TL Speisestärke
1 große Knoblauchzehe

Zubereitungszeit: 15 Min.
Pro Portion ca. 330 kcal
39 g E, 7 g F, 25 g KH

1 Von dem Brokkoli die Röschen vom Stiel abschneiden und waschen (den Stiel anderweitig verwenden). Die Brokkoliröschen je nach Größe noch halbieren oder vierteln, dann in einem Topf mit Dämpfeinsatz über wenig kochendem Wasser in ca. 4 Min. bissfest dämpfen.

2 Inzwischen die Paprika waschen, halbieren, weiße Trennwände und Kerne entfernen. Die Hälften nicht zu klein würfeln. Von den Shiitake die Stiele abdrehen. Das Putenbrustfilet trocken tupfen und in dünne Streifen schneiden.

3 Den Brokkoli in ein Sieb abgießen, kalt abschrecken und dann in einer Salatschleuder trocken schleudern oder alternativ möglichst gut mit Küchenpapier trocken tupfen.

4 Das Öl in einer Pfanne erhitzen. Die Putenbruststreifen darin 1–2 Min. anbraten und mit Salz und Pfeffer würzen. Die Paprika und die Shiitake dazugeben und ca. 3 Min. mitbraten, dabei alles hin und wieder umrühren.

5 Inzwischen für die Sauce Brühe, Sojasauce, Zitronensaft, Honig, Ingwerpaste und Stärke verrühren. Knoblauch schälen und dazupressen.

6 Den Brokkoli in die Pfanne geben und 1 Min. mitbraten. Dann die Sauce dazugießen und in ca. 2 Min. leicht dicklich einkochen lassen. Das Puten-Stir-Fry auf Teller verteilen und servieren, am besten mit Mikrowellen-Basmatireis.

BEEF-TERIYAKI

Genuss auf Japanisch

FÜR 2 PORTIONEN

3 Frühlingszwiebeln
125 g Zuckerschoten
250 g Rindfleisch (aus der Oberschale)
3 EL Teriyaki-Sauce
50 ml Gemüsebrühe
2 TL geröstetes Sesamöl
2 TL Zitronensaft
1 TL Speisestärke
1 Knoblauchzehe
Salz | Pfeffer
1 EL Öl
50 g Cashewkerne
1 TL Sesam

Zubereitungszeit: 15 Min.
Pro Portion ca. 490 kcal
34 g E, 31 g F, 18 g KH

1 Die Frühlingszwiebeln waschen, putzen und die unteren festen Teile in ca. 3 cm lange Stücke, den Rest in dünne Ringe schneiden. Die Zuckerschoten waschen. Rindfleisch trocken tupfen und in dünne Streifen schneiden.

2 Für die Würzsauce Teriyaki-Sauce, Brühe, Sesamöl, Zitronensaft und Stärke verrühren. Den Knoblauch schälen und dazupressen. Die Würzsauce mit Salz und Pfeffer abschmecken.

3 Das Öl in einer Pfanne erhitzen. Die Fleischstreifen darin bei nicht zu starker Hitze 1–2 Min. anbraten. Zuckerschoten und Cashewkerne dazugeben und 2 Min. mitbraten.

4 Die Würzsauce und die Frühlingszwiebelstücke in die Pfanne geben und alles zugedeckt weitere 2 Min. dünsten, bis das Gemüse noch leicht knackig, das Rindfleisch knapp gar und die Sauce glänzend und leicht dicklich ist.

5 Das Beef-Teriyaki auf Teller verteilen, mit dem Sesam und den Frühlingszwiebelringen bestreuen und servieren, am besten mit Mikrowellen-Basmatireis.

4 × HACK UND WÜRSTCHEN …

PASTA MIT RAGÙ

FÜR 2 PORTIONEN
Pro Portion ca. 830 kcal, 43 g E, 36 g F, 81 g KH

Im Wasserkocher 400 ml **Wasser** aufkochen. 250 g **Kirschtomaten** und 2 Zweige **Rosmarin** waschen. 1 EL **Olivenöl** in einem Topf erhitzen. Darin 250 g **Hackfleisch** (halb und halb) in 4 Min. braun und bröselig braten, dabei nach und nach ½ Pck. **Suppengrün,** die Tomaten, die Rosmarinzweige, 3 EL **italien. TK-Kräuter** und 1 TL **Zucker** dazugeben. Alles **salzen** und 200 g **kurze Maccheroni** hinzufügen. Das kochend heiße Wasser angießen und die Pasta zugedeckt bei mittlerer Hitze ca. 8 Min. köcheln lassen, bis die Nudeln bissfest sind. Mit **Salz, Pfeffer,** 1 EL **Aceto balsamico** und nach Belieben etwas **Cayennepfeffer** abschmecken. Die Pasta und das Ragù auf Teller verteilen und mit 30 g **geriebenem Parmesan** bestreuen.

POLENTA MIT WÜRSTCHENRAGOUT

FÜR 2 PORTIONEN
Pro Portion ca. 655 kcal, 22 g E, 43 g F, 45 g KH

1 **Knoblauchzehe** schälen und halbieren. Im Topf 250 ml **Milch,** 150 ml **Wasser,** 1 TL **getrockneten Thymian** und **Salz** aufkochen. ½ Knoblauchzehe dazupressen, 70 g **Instant-Polenta** einrieseln lassen. Zugedeckt bei kleiner Hitze 5–7 Min. garen, dabei ab und zu umrühren. Inzwischen das Brät von 2 **groben Bratwürsten** (250 g) stückchenweise aus der Haut drücken. 1 EL **Öl** in einer Pfanne erhitzen. Die Brätstückchen und 2 EL **TK-Zwiebel-Duo** darin anbraten, übrigen Knoblauch dazupressen. 2 EL **Tomatenmark,** 100 ml **Wasser,** 2 TL **flüssigen Honig,** 1 EL **Aceto balsamico bianco** und 2 EL **italien. TK-Kräuter** dazugeben, **salzen** und **pfeffern.** Das Ragout 3–4 Min. einkochen lassen. Unter die Polenta 2 EL **geriebenen Parmesan** und 1 EL **Butter** rühren. Das Würstchenragout mit der Polenta auf Tellern anrichten.

… in unterschiedlichen Kombinationen, aber immer blitzschnell fertig. Ob als Pastasauce, Burger, Salat oder mit Polenta: Diese Speed-Superstars machen in jeder Version ordentlich was her.

LINSENSALAT MIT MERGUEZ

FÜR 2 PORTIONEN

Pro Portion ca. 445 kcal, 23 g E, 26 g F, 28 g KH

1 Dose **Linsen** (265 g Abtropfgewicht) in ein Sieb abgießen, abbrausen, abtropfen lassen. 1 EL **Öl** in einer Pfanne erhitzen. 2 **Merguez** (100 g, marokkanische Würstchen) darin bei nicht zu starker Hitze in ca. 6 Min. rundherum braun braten. Inzwischen 1 **Zwiebel** schälen, halbieren und in dünne Streifen schneiden. 125 g **Kirschtomaten** waschen und halbieren. 1 Bund **Petersilie** abbrausen, trocken schütteln und die Blättchen abzupfen (eventuell hacken). 2 EL **Aceto balsamico,** 1 TL **flüssigen Honig,** 1 TL **edelsüßes Paprikapulver,** ½ TL **gemahlenen Kreuzkümmel** und 1 EL **Olivenöl** verrühren. Das Dressing mit **Salz** und **Pfeffer** würzen. Die Würstchen aus der Pfanne nehmen und in dünne Scheiben schneiden. Alle vorbereiteten Zutaten in einer Schüssel mischen und den Linsensalat mit **Salz** und **Pfeffer** abschmecken.

RANCH-BURGER

FÜR 4 PORTIONEN

Pro Portion ca. 500 kcal, 36 g E, 31 g F, 22 g KH

500 g **Rinderhack** in 4 Portionen teilen und daraus flache Burger-Pattys formen. 1 EL **Öl** in einer Pfanne erhitzen. Die Pattys darin bei mittlerer Hitze auf jeder Seite in 3–4 Min. braun braten. Inzwischen für den Cole Slaw 150 g **Krautsalat** (Fertigprodukt) ausdrücken und mit 140 g **Mais** (aus der Dose), 2 EL **Salatcreme** und 2 EL **Joghurt** verrühren. 1 **Tomate** waschen und in dünne Scheiben schneiden. Die Pattys aus der Pfanne nehmen und warm halten. 8 Scheiben **Frühstücksspeck** in die Pfanne geben und knusprig braten. 4 **Laugenbrötchen** aufschneiden, die unteren Brötchenhälften mit je 1 EL **Barbecuesauce** bestreichen und mit Tomatenscheiben, Speck, Pattys sowie dem Cole Slaw belegen. Die oberen Brötchenhälften darauflegen und leicht andrücken.

KABELJAU MIT KIRSCHTOMATEN

Ultraschnelle Urlaubsküche

FÜR 2 PORTIONEN

4 Stücke TK-Kabeljaufilet
(à ca. 100 g, aufgetaut)
2 EL Zitronensaft
Salz | Pfeffer
1 EL Mehl
50 g roher Schinken (luftgetrocknet, 4 Scheiben)
250 g Kirschtomaten
2 EL Olivenöl
1 EL Butter
½ TL Zucker
2 TL Kapern (samt 2 TL Essiglake)
3 große Stängel Basilikum
1 Baguettebrötchen

Zubereitungszeit: 15 Min.
Pro Portion ca. 500 kcal
47 g E, 20 g F, 32 g KH

1 Die Kabeljaufiletstücke trocken tupfen und mit 1 EL Zitronensaft beträufeln. Mit Salz und Pfeffer würzen und rundherum mit Mehl einstäuben. Dann jedes Filetstück in 1 Schinkenscheibe einwickeln.

2 Die Tomaten waschen und halbieren. Öl in einer Pfanne erhitzen. Die Tomaten darin 2 Min. anbraten. Die Tomaten an den Rand schieben und die Butter in der Pfanne schmelzen. Darin die Fischpäckchen auf jeder Seite ca. 6 Min. bei mittlerer Hitze braten.

3 Inzwischen die Tomaten mit dem Zucker bestreuen und die Kapern dazugeben. Das Basilikum abbrausen und trocken schütteln, die Blättchen abzupfen. Baguettebrötchen in dicke Scheiben schneiden.

4 Die Fischpäckchen auf Tellern anrichten. Den übrigen Zitronensaft (1 EL), die Essiglake (von den Kapern) und das Basilikum zu den Tomaten geben und alles kurz durchschwenken. Mit Salz und Pfeffer würzen und neben dem Fisch auf den Tellern anrichten. Die Brötchenscheiben dazu servieren.

GENIALE RESTEKÜCHE

FIX VERWERTET, ENTSPANNT GENOSSEN!

DIE SCHNELLEN 4 FÜR DAS BESTE AUS RESTEN

KARTOFFELN

Enthalten hochwertiges Eiweiß, sind zudem reich an Vitaminen, Mineral- und Ballaststoffen | die grünen Stellen immer großzügig wegschneiden, da diese giftiges Solanin enthalten | gekochte Kartoffeln vom Vortag bis zur Verwendung kühl stellen, möglichst erst vor Gebrauch schälen | aus der Pfanne ein echter Hit als **Bratkartoffelsalat** (Seite 82) und **Käsekartoffeln mit Rosenkohl** (Seite 84) | mit Pilzen, Ziegenkäse und Rosmarin auf **Flammkuchen** (Seite 86) ein echter Gaumenschmaus | nur kurz in Butter geschwenkt perfekte Beilage zu **Matjessalat** (Seite 88) | auf Indientrip als Einlage für **Rote-Linsen-Suppe** (Seite 90) | gegarte Kartoffeln sind eine fixe Alternative für Süßkartoffeln im **Sauerkrauteintopf** (Seite 58).

NUDELN

Satt- und Glücklichmacher in extremer Vielfalt | frisch ganz fix gar, getrocknet perfekt für den Vorrat | schmecken am nächsten Tag genauso gut, also gerne etwas mehr kochen | ratzfatz aus der Pfanne und doch gästefein als frühlingshafte **Spargel-Nudelpfanne** (Seite 92) und fruchtige **Lachs-Mango-Pasta** (Seite 93) | mediterran als **Nudel-Bohnen-Salat** (Seite 93) | ein echter Italo-Klassiker als wärmende **Minestrone** (Seite 92) | herzhaftes Soulfood aus dem Backofen als **Tex-Mex-Nudelgratin** (Seite 94) | auch sehr verführerische **Pasta** mit **Erbsen und Gorgonzola** oder **Filetstreifen und Cranberrys** oder **Zucchini und Tomaten** oder **Spinat und Pecorino** (Seite 64/65) gelingt mit Nudeln vom Vortag perfekt (doppelte Nudelmenge nehmen).

KNÖDEL & BROT

Resteverwertung hoch 2: Denn in Semmelknödeln wird bereits altbackenes Brot verarbeitet | aber auch Kartoffelknödel sind perfekt für die Resteküche | Knödel vom Vortag in Scheiben geschnitten und in etwas Butter gebraten sind ein echter Genuss | ideal zum Bier als **Semmelknödel-Carpaccio** (Seite 96) im Wirtshaus-Style | angebratene Scheiben von Kartoffelknödeln geben in Gesellschaft von Feldsalat, Apfel und Walnüssen einen fantastischen **Salat** (Seite 98) ab | schimmelfreie Brotreste niemals wegwerfen, sie können vielfältig verwenden werden: als Brösel etwa als Topping für **Feldsalat mit Röstknödeln** (Seite 98) oder zum Panieren von **Couscousplätzchen** (Seite 100) | altbackene Brotscheiben sind auch ein hervorragender Boden für allerlei **Quiche-Varianten** (Seiten 40/41) | Tipp: Croûtons für die **Erbsensuppe** (Seite 56) mal mit Restebrot zubereiten.

REIS, COUSCOUS & CO.

Leichte, aber sättigende Beilagen | speziell Quinoa und Hirse mit sehr wertvollen Inhaltsstoffen | vom Vortag viel besser zum Braten geeignet als frisch zubereitet | Reis schmeckt auf italienische Art besonders fein als **Bratreis »Carbonara«** (Seite 104) oder ganz simpel als sommerlicher **Reissalat mit Pesto** (Seite 105) | wird als **Bulgogi-Schiffchen** (Seite 104) zum originellen koreanisch inspirierten Fingerfood | als **Hähnchenreis** mit Erdnussdip (Seite 105) fast schon ein Klassiker der Asiaküche | perfekte Einlage in milder **Khao-Tom-Reissuppe** (Seite 106) | Couscous schmeckt gebraten als **Plätzchen** mit Kräuterquark (Seite 100) ebenso wie als **Salat mit Avocado** (Seite 102) | Quinoa reitet ganz hip auf der Poké-Bowl-Welle als **Quinoa-Lachs-Bowl** (Seite 108) | Hirse landet herrlich knusprig als Bällchen auf **Spinatsalat** (Seite 110).

BRATKARTOFFELSALAT

Ohne Würstchen geht hier nichts

FÜR 2 PORTIONEN

100 ml Öl (zum Braten)
400 g Pellkartoffeln (vom Vortag)
200 g Spitzkohl
2 EL Weißweinessig
2 EL Rapsöl
½ TL Kümmel
1 TL Zucker
Salz | Pfeffer
1 EL Kürbiskerne
1 feine Bratwurst (150 g, z. B. Thüringer)
1 EL Speckwürfel
50 g Salat-Mix

Zubereitungszeit: 15 Min.
Pro Portion ca. 570 kcal
21 g E, 39 g F, 33 g KH

1 Das Öl zum Braten in einer großen Pfanne erhitzen. Die Kartoffeln pellen und in 1 cm dicke Scheiben schneiden. Die Kartoffelscheiben im Öl bei mittlerer Hitze unter gelegentlichem Wenden ca. 6 Min. braten, bis sie leicht gebräunt sind.

2 Inzwischen den Spitzkohl waschen, putzen, in feine Streifen schneiden. In einer Schüssel mit Essig, Rapsöl, Kümmel und Zucker vermengen, mit Salz und Pfeffer würzen. Kürbiskerne grob hacken und unter den Spitzkohlsalat mischen.

3 Das Öl bis auf einen kleinen Rest vorsichtig aus der Pfanne so abgießen, dass die Kartoffeln nicht herausrutschen, dabei am besten den Pfannenwender zu Hilfe nehmen.

4 Die Bratwurst in dicke Scheiben schneiden und mit den Speckwürfeln zu den Kartoffeln geben. Alles noch 3–4 Min. weiterbraten, bis die Kartoffeln und die Wurst goldbraun sind.

5 Salat-Mix waschen und trocken schleudern. Die Bratkartoffeln salzen und pfeffern. Salat-Mix mit Spitzkohlsalat und Bratkartoffeln auf Tellern anrichten und servieren.

KÄSEKARTOFFELN MIT ROSENKOHL

Raffiniertes Klassiker-Update

FÜR 2 PORTIONEN

---

100 ml Öl (zum Braten)
600 g Pellkartoffeln (vom Vortag)
200 g Rosenkohl
50 g Parmesan (am Stück)
1 Zwiebel
1 EL Butterschmalz
½ TL edelsüßes Paprikapulver
Salz | Pfeffer
4 Stängel Petersilie

Zubereitungszeit: 15 Min.
Pro Portion ca. 420 kcal
19 g E, 20 g F, 41 g KH

1 Das Öl zum Braten in einer großen Pfanne erhitzen. Die Kartoffeln pellen und in 1 cm dicke Scheiben schneiden. Die Kartoffelscheiben im Öl bei mittlerer Hitze unter gelegentlichem Wenden ca. 8 Min. braten, bis sie leicht gebräunt sind.

2 Inzwischen den Rosenkohl waschen, putzen, durch den Strunk halbieren und in einem Topf mit Dämpfeinsatz über kochendem Wasser in ca. 3 Min. bissfest dämpfen. Den Parmesan fein reiben, die Zwiebel schälen und klein würfeln.

3 Das Öl bis auf einen kleinen Rest vorsichtig aus der Pfanne so abgießen, dass die Kartoffeln nicht herausrutschen, dabei am besten den Pfannenwender zu Hilfe nehmen.

4 Den Rosenkohl und die Zwiebelwürfel in die Pfanne geben, dann den Parmesan darüberstreuen. Alles weitere 3–4 Min. unter gelegentlichem Wenden braten, bis Rosenkohl, Zwiebel und Käse goldbraun sind.

5 Die Käsekartoffeln mit Paprikapulver würzen, mit Salz und Pfeffer abschmecken. Die Petersilie abbrausen und trocken schütteln, die Blättchen abzupfen, grob hacken und über die Kartoffeln streuen. Dazu passt ein Gurkensalat.

KARTOFFEL-FLAMMKUCHEN

Knuspriger Ofen-Quickie

FÜR 2 PORTIONEN

1 Pck. Flammkuchenteig (ca. 260 g, aus dem Kühlregal)
1 EL Mehl
100 g braune Champignons (Egerlinge)
200 g Pellkartoffeln (vom Vortag)
125 g Ziegenweichkäse (von der Rolle)
1 Zweig Rosmarin
150 g Schmand
Salz | Pfeffer
2 TL flüssiger Honig

Zubereitungszeit: 15 Min.
Pro Portion ca. 790 kcal
29 g E, 37 g F, 85 g KH

1 Den Backofen samt Backblech auf 250° vorheizen. Den Flammkuchenteig entrollen und mit dem Mehl bestäuben. Einen Bogen Backpapier darauflegen, die Teigplatte wenden und das Trägerpapier vom Teig abziehen. Den Teig etwas in die Breite ziehen, sodass er hauchdünn wird.

2 Die Pilze putzen und die Kartoffeln pellen, beides in dünne Scheiben schneiden. Ziegenkäse ebenfalls in möglichst dünne Scheiben schneiden. Rosmarin abbrausen und trocken schütteln, Blättchen abzupfen und grob hacken.

3 Den Teig gleichmäßig mit dem Schmand bestreichen, mit Salz und Pfeffer würzen. Die Kartoffeln, die Pilze und den Käse auf dem Teig verteilen, den Rosmarin darüberstreuen.

4 Das heiße Backblech mit Topflappen aus dem Ofen nehmen. Den belegten Flammkuchenteig mit dem Backpapier vorsichtig auf das Blech ziehen. Den Kartoffel-Flammkuchen im Ofen (Mitte) in ca. 10 Min. knusprig braun backen.

5 Den Flammkuchen aus dem Ofen nehmen, vierteln, mit dem Honig beträufeln und sofort servieren. Dazu passt ein grüner Blattsalat.

MATJESSALAT MIT KARTOFFELN

Wie bei Muttern

FÜR 2 PORTIONEN

½ Apfel
1 Frühlingszwiebel
4 Cornichons
2 Matjesfilets (ca. 150 g, eingelegt, mit Zwiebeln)
150 g griechischer Joghurt (10 % Fett)
1 EL Weißweinessig
3 EL TK-Dill
Salz | Pfeffer
400 g Pellkartoffeln (vom Vortag)
2 EL Butter

Zubereitungszeit: 15 Min.
Pro Portion ca. 555 kcal
21 g E, 40 g F, 34 g KH

1 Den Apfel waschen, vierteln, entkernen und klein würfeln. Die Frühlingszwiebel waschen, putzen und in feine Ringe schneiden. Cornichons in dünne Scheiben schneiden. Die Matjesfilets samt den Zwiebeln klein schneiden.

2 Alle vorbereiteten Zutaten mit dem Joghurt, dem Essig und 1 EL Dill verrühren. Den Matjessalat mit Salz und Pfeffer würzen.

3 Die Kartoffeln in ca. 1 cm dicke Scheiben schneiden (wer mag, pellt sie vorher noch). Die Butter in einer Pfanne schmelzen. Die Kartoffeln darin bei mittlerer Hitze ca. 4 Min. zugedeckt schwenken, bis sie heiß sind. Mit Salz würzen.

4 Den restlichen Dill (2 EL) unter die Butterkartoffeln mischen. Den Matjessalat und die Kartoffeln auf Tellern anrichten und servieren.

ROTE-LINSEN-SUPPE

Currywürzige Kartoffel-Zweitverwertung

FÜR 2 PORTIONEN

1 Zwiebel
1 EL Öl
2 TL flüssiger Honig
1 ½ TL rote Currypaste
80 g rote Linsen
1 Dose stückige Tomaten (400 g)
200 g Kokosmilch
2 TL Gemüsebrühe (Instant)
225 g TK-Blumenkohl
250 g Pellkartoffeln (vom Vortag)
2 TL Zitronensaft
Salz | Pfeffer
2 EL griechischer Joghurt (10 % Fett)
2 EL Korianderblättchen (nach Belieben)

Zubereitungszeit: 15 Min.
Pro Portion ca. 600 kcal
23 g E, 28 g F, 60 g KH

1 Die Zwiebel schälen und klein würfeln. Das Öl in einem Topf erhitzen und die Zwiebelwürfel darin andünsten. Den Honig und die Currypaste hinzufügen und kurz mitdünsten.

2 Dann Linsen, Tomaten, 300 ml Wasser, Kokosmilch und die gekörnte Brühe dazugeben. Alles zum Kochen bringen und bei kleiner bis mittlerer Hitze ca. 3 Min. köcheln lassen.

3 Gefrorenen TK-Blumenkohl dazugeben und die Suppe weitere 5 Min. kochen. Die Kartoffeln in nicht zu dünne Scheiben schneiden (eventuell vorher pellen), in den Topf geben und die Suppe noch einmal 3 Min. kochen.

4 Zitronensaft unterrühren und die Suppe mit Salz und Pfeffer abschmecken. Die Rote-Linsen-Suppe auf Suppenschalen oder tiefe Teller verteilen. Mit dem Joghurt und nach Belieben den Korianderblättchen garnieren und servieren.

4 × FABELHAFTES NUDELGLÜCK ...

SPARGEL-NUDELPFANNE

FÜR 2 PORTIONEN
Pro Portion ca. 675 kcal, 118 g E, 53 g F, 546 g KH

300 g **grünen Spargel** waschen, holzige Enden abschneiden oder gut schälen. Die Stangen in ca. 3 cm lange Stücke schneiden. 1 EL **Öl** in einer Pfanne erhitzen und den Spargel darin 3 Min. anbraten. 100 g **rohen Schinken** (luftgetrocknet, in Scheiben) in breite Streifen schneiden. Mit 2 Prisen **Zucker** in die Pfanne geben, kurz mitbraten. Dann 400 g gekochte **kurze Nudeln** (vom Vortag, z. B. Casarecce) und 2 TL **Kapern** samt 2 TL **Essiglake** dazugeben und alles noch 3 Min. dünsten. 100 g **Sahne** angießen, kurz einköcheln lassen. Die Nudelpfanne mit **Salz, Pfeffer** und etwas frisch geriebener **Muskatnuss** abschmecken, anschließend auf Teller verteilen. 30 g **Pecorino** (am Stück) mit den Fingern zerbröckeln, darüberstreuen.

MINESTRONE

FÜR 2 PORTIONEN
Pro Portion ca. 420 kcal, 64 g E, 29 g F, 282 g KH

600 ml **Gemüsebrühe** in einem Topf erhitzen, 300 g gefrorenes **TK-Suppengemüse** darin aufkochen. 2 **Tomaten** waschen, halbieren, entkernen, grob würfeln und dazugeben. Die Suppe zugedeckt bei kleiner bis mittlerer Hitze 8 Min. köcheln lassen. 200 g **Zucchini** waschen und klein würfeln. 2 EL **Speckwürfel** in einer Pfanne knusprig auslassen. Zucchini und 1 EL **Pinienkerne** dazugeben, 2 Min. mitbraten, **pfeffern.** 200 g gekochte **kurze Nudeln** (vom Vortag, z. B. Penne) und die Zucchinimischung in den Topf geben, die Suppe weitere 3 Min. köcheln lassen. Mit 1 EL **Aceto balsamico bianco,** 1 EL **Pesto alla Genovese, Salz, Pfeffer** und wenig **Zucker** würzen. Die Minestrone auf Teller verteilen und mit je 1 TL **Pesto alla Genovese** beträufeln. 30 g **Parmesan** (am Stück) mit den Fingern zerbröckeln und darüberstreuen.

… mit Resten vom Vortag: Als Suppe, Salat oder Pfannengericht erleben Penne & Co. dabei ihren leckeren zweiten Frühling.

NUDEL-BOHNEN-SALAT

FÜR 2 PORTIONEN

Pro Portion ca. 680 kcal, 103 g E, 45 g F, 426 g KH

1 Dose **Kidneybohnen** (240 g Abtropfgewicht) in ein Sieb abgießen, abbrausen und abtropfen lassen. 1 Dose **Thunfisch** (im eigenen Saft, 130 g Abtropfgewicht) abtropfen lassen. 1 **Frühlingszwiebel** waschen, putzen, in feine Ringe schneiden. 3 Stängel **Basilikum** abbrausen und trocken schütteln, die Blättchen abzupfen und eventuell hacken. 100 g **Schafskäse** (Feta) grob zerbröckeln. Alle vorbereiteten Zutaten in einer Schüssel mit 300 g gekochten **kurzen Nudeln** (vom Vortag, z. B. Penne) vermischen. 2 EL **Aceto balsamico,** 2 EL **Olivenöl** und ½ TL **rosenscharfes Paprikapulver** unterrühren. Mit **Salz** und **Pfeffer** abschmecken.

LACHS-MANGO-PASTA

FÜR 2 PORTIONEN

Pro Portion ca. 765 kcal, 116 g E, 66 g F, 542 g KH

200 g **Lachsfilet** (ohne Haut) trocken tupfen und grob würfeln. 1 **Knoblauchzehe** schälen und in feine Scheiben schneiden. 1 **rote Chilischote** waschen und samt Kernen in feine Ringe schneiden. 80 ml **gelben Frucht-Smoothie** (mit Mango) und 1 EL **Zitronensaft** verrühren. In einer Pfanne 40 g **Butter** schmelzen. Darin den Lachs mit Knoblauch und Chili 2 Min. andünsten. 400 g gekochte **lange Nudeln** (vom Vortag, z. B. Tagliatelle) hinzufügen und ca. 2 Min. mitdünsten. Smoothie-Mix und 1 Pck. **geriebene Orangenschale** unterrühren und alles weitere 1–2 Min. dünsten, bis der Lachs innen leicht glasig ist. Vom Herd nehmen und 30 g eiskalte **Butter** unterschwenken. Mit **Salz, Pfeffer** und 1 TL **flüssigem Honig** würzen.

TEX-MEX-NUDELGRATIN

Deftiger Sattmacher

FÜR 2 PORTIONEN

1 Dose Mais (140 g Abtropfgewicht)
1 Dose Kidneybohnen (125 g Abtropfgewicht)
1 rote Paprika
200 ml Salsasauce (Fertigprodukt)
1 TL Zucker
50 g Crème fraîche
Salz | Pfeffer
2 grobe Bratwürste (ca. 200 g)
250 g gegarte kurze Nudeln (vom Vortag, z. B. Maccheroni)
60 g Reibekäse (z. B. Cheddar oder Gouda)
2 EL Korianderblättchen (nach Belieben)

Zubereitungszeit: 15 Min. + 18 Min. Backen
Pro Portion ca. 890 kcal
95 g E, 50 g F, 390 g KH

1 Den Backofen auf 220° vorheizen. Den Mais abtropfen lassen. Die Bohnen in ein Sieb abgießen, kalt abbrausen und ebenfalls abtropfen lassen. Die Paprika waschen, halbieren, weiße Trennwände und Kerne entfernen. Die Hälften in kleine Würfel schneiden.

2 Die Salsasauce mit Zucker und Crème fraîche verrühren. Mit Salz und Pfeffer würzen. Das Bratwurstbrät in kleinen Stücken aus den Häuten drücken. Mit den Nudeln und der Sauce in einer Auflaufform (ca. 20 × 25 cm) mischen. Jeweils die Hälfte von Mais, Bohnen und Paprikawürfeln untermischen, den Rest daraufstreuen. Zum Schluss noch den Reibekäse darüberstreuen.

3 Das Nudelgratin im Ofen (Mitte) 15–18 Min. backen, bis das Wurstbrät gar und der Käse geschmolzen und leicht gebräunt ist. Aus dem Ofen nehmen, portionieren und auf Tellern anrichten. Nach Belieben mit Koriander garnieren.

TIPP:
Wer mag, toppt das Ganze noch mit 1 Handvoll grob zerbröckelter Tortillachips.

SEMMELKNÖDEL-CARPACCIO

Brotzeit auf Italienisch

FÜR 2 PORTIONEN

2 EL Weißweinessig
1 TL Zucker
½ TL Kümmel
3 EL Öl
Salz | Pfeffer
1 rote Zwiebel
4 gegarte Semmelknödel (vom Vortag)
4 Radieschen
4 Cornichons
50 g Emmentaler (am Stück)
½ Bund Schnittlauch

Zubereitungszeit: 15 Min.
Pro Portion ca. 710 kcal
20 g E, 34 g F, 78 g KH

1 Für das Dressing Essig, Zucker und Kümmel verrühren, das Öl unterschlagen. Mit Salz und Pfeffer würzen. Zwiebel schälen, in feine Ringe schneiden und im Dressing marinieren.

2 Semmelknödel in möglichst dünne Scheiben schneiden. Die Radieschen waschen, putzen und wie auch die Cornichons ebenfalls in dünne Scheiben schneiden. Den Käse klein würfeln.

3 Die Knödelscheiben auf großen Tellern auslegen. Radieschen, Cornichons und Käse darauf verteilen. Die Zwiebelringe aus dem Dressing nehmen und mittig darauf häufen. Das restliche Dressing über die Knödel träufeln.

4 Den Schnittlauch abbrausen und trocken schütteln. Mit der Küchenschere über dem Carpaccio in Röllchen abschneiden.

FELDSALAT MIT RÖSTKNÖDELN

Stilvolle Transformation

FÜR 2 PORTIONEN

2 gegarte Kartoffelknödel (vom Vortag)
1 EL Öl (zum Braten)
125 g Feldsalat
1 Apfel
2 EL Apfelessig
2 TL körniger Senf
1 TL flüssiger Honig
1 EL Walnussöl
Salz | Pfeffer
2 EL Walnusskerne
1 EL Butter
1 EL Semmelbrösel
1 EL italien. TK-Kräuter

Zubereitungszeit: 15 Min.
Pro Portion ca. 445 kcal
9 g E, 25 g F, 44 g KH

1 Die Kartoffelknödel in 1 cm dicke Scheiben schneiden. Das Öl zum Braten in einer großen beschichteten Pfanne erhitzen. Darin die Knödelscheiben bei nicht zu starker Hitze ca. 7 Min. braten, bis sie auf beiden Seiten goldbraun sind.

2 Inzwischen den Feldsalat verlesen, waschen, putzen und trocken schleudern. Apfel waschen, vierteln, entkernen und in dünne Scheiben schneiden. Für das Dressing Apfelessig, Senf, Honig und das Walnussöl verrühren. Mit Salz und Pfeffer würzen.

3 Den Feldsalat mit Apfel, Walnüssen (nach Belieben vorher in Stücke brechen) und dem Dressing mischen und auf Teller verteilen. Die Knödelscheiben darauf anrichten. Die Pfanne mit Küchenpapier auswischen.

4 Die Butter in der Pfanne schmelzen. Darin die Semmelbrösel mit den TK-Kräutern kurz anrösten. Mit Salz und Pfeffer würzen. Die Kräuterbrösel über Röstknödel und Salat streuen.

COUSCOUSPLÄTZCHEN

Kein Plätzchen ohne Kräuterquark

FÜR 2 PORTIONEN

---

300 g gegarter Couscous (vom Vortag)
1 Ei (M)
2 EL Mehl
4 EL TK-Gartenkräuter
4 TL Dijonsenf
1 ½ TL flüssiger Honig
50 g Schafskäse (Feta)
Salz | Pfeffer
4 EL Semmelbrösel
100 ml Öl (zum Braten)
250 g Sahnequark
1 EL Weißweinessig

Zubereitungszeit: 15 Min.
Pro Portion ca. 740 kcal
36 g E, 30 g F, 77 g KH

1 Für die Plätzchen den Couscous mit Ei, Mehl, 2 EL TK-Gartenkräutern, 2 TL Senf und 1 TL Honig verrühren. Den Feta fein zerbröckeln und untermischen. Die Masse mit Salz und Pfeffer würzen.

2 Aus der Couscous-Feta-Masse 8 Plätzchen formen und in den Semmelbröseln wenden. In einer großen beschichteten Pfanne das Öl erhitzen. Darin die Couscousplätzchen bei nicht zu starker Hitze auf jeder Seite in 3–4 Min. goldbraun und knusprig braten.

3 Inzwischen den Quark mit dem Essig, den restlichen Kräutern (2 EL) sowie dem übrigem Senf (2 TL) und Honig (½ TL) verrühren. Mit Salz und Pfeffer abschmecken.

4 Die Couscousplätzchen auf Küchenpapier entfetten und mit dem Kräuterquark servieren. Dazu passt ein grüner Blattsalat.

COUSCOUSSALAT MIT AVOCADO

Phänomenale Kombination

FÜR 2 PORTIONEN

2 ½ EL Zitronensaft
1 TL flüssiger Honig
1 EL Olivenöl
1 Knoblauchzehe
Salz | Pfeffer
1 Avocado (Hass)
80 g Heidelbeeren
60 g Putenbrustaufschnitt
50 g Salat-Mix
250 g gegarter Couscous (vom Vortag)
2 EL Mandeln
1 Kästchen Kresse

Zubereitungszeit: 15 Min.
Pro Portion ca. 585 kcal
15 g E, 37 g F, 45 g KH

1 Für das Dressing den Zitronensaft mit Honig und Olivenöl verrühren. Den Knoblauch schälen und dazupressen, mit Salz und Pfeffer würzen.

2 Die Avocado längs halbieren und entkernen. Das Fruchtfleisch mit einem Esslöffel aus der Schale lösen und in dünne Spalten schneiden. Mit 1 EL Dressing mischen.

3 Die Heidelbeeren verlesen, waschen und abtropfen lassen. Den Putenbrustaufschnitt in breite Streifen schneiden. Salat-Mix waschen und trocken schleudern.

4 Den Couscous mit dem übrigen Dressing mischen. Den Salat-Mix auf Teller verteilen und den Couscous, die Avocado, die Heidelbeeren und die Putenbruststreifen darauf anrichten. Die Mandeln darüberstreuen. Die Kresse vom Beet schneiden und den Salat damit garnieren.

4 × GENUSSVOLLES MIT REIS …

BRATREIS »CARBONARA«

FÜR 2 PORTIONEN

Pro Portion ca. 715 kcal, 30 g E, 35 g F, 64 g KH

1 **Zwiebel** schälen und klein würfeln. In einer Pfanne 1 EL **Öl** erhitzen und darin die Zwiebel andünsten. Inzwischen 60 g **rohen Schinken** (luftgetrocknet, in Scheiben) in breite Streifen schneiden 60 g **getrocknete Tomaten** (in Öl) in feine Streifen schneiden. Beides mit 1 EL **italien. TK-Kräutern** in die Pfanne geben und 2 Min. mitdünsten. 400 g **gekochten Reis** (vom Vortag, z. B. Langkornreis) ca. 3 Min. mitbraten. 100 g **Sahne** mit 2 **Eiern** (M) verquirlen. Mit **Salz, Pfeffer** und 2 Prisen frisch geriebener **Muskatnuss** würzen. Die Eiersahne zum Reis geben und alles kurz rühren, bis die Mischung fast gestockt, aber noch cremig ist. Auf Teller geben, 2 EL **geriebenen Parmesan** darüberstreuen. ½ Bund **Schnittlauch** abbrausen, trocken schütteln, in Röllchen schneiden und über den Bratreis streuen.

BULGOGI-SCHIFFCHEN

FÜR 2 PORTIONEN

Pro Portion ca. 530 kcal, 35 g E, 26 g F, 35 g KH

1 EL **Öl** in einer Pfanne erhitzen. 250 g **Rinderhack** darin bröselig braten. 1 **Birne** schälen, vierteln, entkernen, klein würfeln, zum Hack geben und 1–2 Min. mitbraten. 2 TL **Ingwerpaste** (aus dem Glas), 2 TL **Sambal Oelek** und 4 EL **Sojasauce** unterrühren. 6 **Frühlingszwiebeln** waschen, putzen, in feine Ringe schneiden und mit 2 TL **Sesam** ebenfalls zum Hack geben. Alles weitere 2–3 Min. braten. Bulgogi nach Belieben mit ein paar Tropfen **geröstetem Sesamöl** abschmecken und in Schüsseln füllen. 200 g **gekochten Reis** (vom Vortag, z. B. Basmatireis) 2 Min. in der Mikrowelle erhitzen, dann ebenfalls in Schüsseln anrichten. Von 1 **Römersalatherz** 12 Blätter ablösen, waschen, trocken schleudern und mit auf den Tisch stellen. Den Reis und das Bulgogi portionsweise auf die Salatblätter löffeln und aus der Hand genießen.

...vom Vortag: Ob aus Versehen oder ganz bewusst zu viel gekocht – hier wird der vermeintliche Rest im Handumdrehen zum neuen Superstar.

HÄHNCHENREIS

FÜR 2 PORTIONEN

Pro Portion ca. 685 kcal, 48 g E, 24 g F, 62 g KH

250 g **Hähnchenbrustfilet** in dünne Streifen schneiden. 1 EL **Öl** in einer Pfanne erhitzen, das Fleisch darin anbraten. 200 g **Zucchini** waschen, putzen, klein würfeln, dazugeben und 2 Min. mitbraten. 100 g **Sojabohnensprossen** abbrausen und trocken schleudern. ½ Bund **Frühlingszwiebeln** waschen, putzen und in feine Ringe schneiden. Beides kurz mitbraten. 1 TL **Zucker,** 2 EL **Sojasauce** und 1 EL **Zitronensaft** zugeben und alles durchschwenken. 300 g **gekochten Reis** (vom Vortag, z. B. Basmatireis) untermischen, mit **Salz** und **Pfeffer** abschmecken, warm halten. Für den Dip 60 g **Erdnussmus,** 60 ml **Wasser** und 1 TL **rote Currypaste** in der Mikrowelle erhitzen und dann glatt verrühren. 2 ½ EL **Sojasauce,** 1 ½ EL **Zitronensaft** und 1 TL **Zucker** unterrühren, mit **Salz** und **Pfeffer** würzen. Zum Reis servieren.

REISSALAT MIT PESTO

FÜR 2 PORTIONEN

Pro Portion ca. 475 kcal, 17 g E, 25 g F, 43 g KH

Für das Dressing 2 EL **Pesto alla Genovese** mit 1 EL **Zitronensaft,** 1 TL **flüssigem Honig** und 1 EL **Olivenöl** glatt verrühren. Mit **Salz** und **Pfeffer** würzen. 200 g **Kirschtomaten** waschen und halbieren. 50 g **Parmesan** (am Stück) klein schneiden und mit den Fingern fein zerbröckeln. 30 g **Baby-Blattspinat** waschen und trocken schleudern. Alles mit 250 g **gekochtem Reis** (vom Vortag, z. B. Langkornreis) und 40 g **Kalamata-Oliven** mischen. Den Reissalat mit **Salz** und **Pfeffer** abschmecken. 2 EL **Pinienkerne** in einer Pfanne goldbraun anrösten und über den Salat streuen.

KHAO-TOM-REISSUPPE

Magenschmeichler aus Thailand

FÜR 2 PORTIONEN

800 ml Hühnerbrühe
2 Schalotten
1 Knoblauchzehe
2 TL Zitronengraspaste (aus dem Glas)
2 TL Zucker
125 g Garnelen (geschält und küchenfertig, aufgetaute TK-Ware oder frisch)
3 Frühlingszwiebeln
200 g gekochter Reis (vom Vortag, z. B. Basmatireis)
1 kleines Bund Koriandergrün
1 EL Limettensaft
2 TL Fischsauce
1 EL Röstzwiebeln (Fertigprodukt)
Salz | Pfeffer

Zubereitungszeit: 15 Min.
Pro Portion ca. 320 kcal
16 g E, 5 g F, 46 g KH

1 Die Hühnerbrühe in einem Topf zum Kochen bringen. Die Schalotten und den Knoblauch schälen, fein würfeln und mit der Zitronengraspaste und dem Zucker dazugeben. Alles 10 Min. bei mittlerer Hitze köcheln lassen.

2 Inzwischen die Garnelen kalt abbrausen und trocken tupfen. Die Frühlingszwiebeln waschen, putzen und in feine Ringe schneiden.

3 Die Garnelen mit dem Reis nach 6 Min. Kochzeit in den Topf geben und in der Brühe gar ziehen lassen. Nach 8 Min. auch die Frühlingszwiebeln (bis auf 2 EL Grün) hinzufügen.

4 Koriander abbrausen und trocken schütteln, die Blättchen abzupfen. Den Limettensaft und die Fischsauce unter die Suppe rühren. Mit Salz und Pfeffer abschmecken.

5 Die Khao-Tom-Suppe auf Suppenschalen verteilen. Mit Koriander, übrigen Frühlingszwiebeln und den Röstzwiebeln garnieren und servieren.

QUINOA-LACHS-BOWL

Voll im Poké-Trend

FÜR 2 PORTIONEN

1 Frühlingszwiebel
250 g Lachsfilet (Sushi-Qualität; ohne Haut)
4 EL Sojasauce
2 TL geröstetes Sesamöl
2 ½ EL Limettensaft
1 ½ TL Zucker
Salz | Pfeffer
4 Radieschen
1 kleine Avocado (Hass)
400 g gegarte Quinoa (vom Vortag)
2 TL Sesam
1 EL Röstzwiebeln (Fertigprodukt)
½ Kästchen Kresse
2 EL Tahin (Sesampaste)

Zubereitungszeit: 15 Min.
Pro Portion ca. 900 kcal
40 g E, 55 g F, 50 g KH

1 Die Frühlingszwiebel waschen, putzen und in feine Ringe schneiden. Das Lachsfilet trocken tupfen und in kleine Würfel schneiden.

2 2 EL Sojasauce mit Sesamöl, ½ EL Limettensaft und ½ TL Zucker verrühren. Mit Salz und Pfeffer würzen. Darin den Lachs und die Hälfte der Frühlingszwiebelringe marinieren, bis die übrigen Zutaten vorbereitet sind.

3 Die Radieschen waschen, putzen und in feine Scheiben schneiden. Avocado längs halbieren und entkernen. Das Fruchtfleisch mit einem Esslöffel aus der Schale lösen und grob würfeln.

4 Die Quinoa in Schüsseln häufen. Radieschen, Avocado und marinierten Lachs darauf verteilen, mit Sesam, Röstzwiebeln und übrigen Frühlingszwiebelringen bestreuen. Die Kresse vom Beet schneiden und ebenfalls darüberstreuen.

5 Für die Sauce das Tahin mit dem übrigen Limettensaft (2 EL) und Zucker (1 TL) sowie der restlichen Sojasauce (2 EL) verrühren. Mit Salz und Pfeffer abschmecken. Die Sesamsauce in Schälchen verteilen und zur Bowl servieren.

SPINATSALAT MIT HIRSEBÄLLCHEN

Leichte Sommermahlzeit

FÜR 2 PORTIONEN

100 g Baby-Blattspinat
2 Feigen
1 kleine rote Zwiebel
2 Stängel Dill
2 Knoblauchzehen
200 g gegarte Hirse (vom Vortag)
1 TL Ras el Hanout
Salz | Pfeffer
100 ml Öl (zum Ausbacken)
3 EL Aceto balsamico
2 TL flüssiger Honig
3 EL Olivenöl
2 Ziegenfrischkäsetaler (à 20 g)

Zubereitungszeit: 15 Min.
Pro Portion ca. 455 kcal
10 g E, 26 g F, 42 g KH

1 Den Spinat verlesen, waschen und trocken schleudern. Die Feigen waschen und in schmale Spalten schneiden, dabei die Stielansätze entfernen. Die Zwiebel schälen und in feine Streifen schneiden. Dill abbrausen, trocken schütteln.

2 Den Knoblauch schälen, 1 Zehe zur Hirse pressen, Ras el Hanout hinzufügen. Alles verkneten und mit Salz und Pfeffer würzen. Aus der Hirsemasse 10 Bällchen formen und dabei die Masse fest zusammendrücken.

3 Das Öl in einer Pfanne erhitzen. Darin die Hirsebällchen in 5–7 Min. rundherum goldbraun braten. Dann herausnehmen und die Bällchen auf Küchenpapier entfetten.

4 Während die Hirsebällchen braten, für das Dressing Balsamessig und Honig verrühren, die zweite Knoblauchzehe dazupressen. Das Olivenöl unterschlagen, mit Salz und Pfeffer würzen. Den Spinat mit dem Dressing mischen und auf Teller verteilen. Die Feigen und Zwiebel darauf anrichten, den Käse darüberbröckeln.

5 Die Hirsebällchen ebenfalls auf dem Spinatsalat anrichten. Die Dillspitzen von den Stängeln zupfen und die Salatteller damit garnieren.

BLITZSCHNELLE DESSERTS

RUCKZUCK AUF WOLKE 7

DIE SCHNELLEN 4 FÜR SUPERFIXEN DESSERTSPASS

SKYR

Leckerer Star aus Island | eiweißreich wie Quark, säuerlich wie Joghurt | der kalorienarme Allrounder kann auf vielfältige Art und Weise süß oder herzhaft angerührt werden | macht **5-Minuten-Skyramisu** (Seite 118) blitzschnell zur schlanken Version der italienischen Kalorienbombe | genial mit Erdbeeren als flotter **No Bake Strawberry Cheesecake** (Seite 119) im Glas | gemischt mit Pudding leichte Creme für **Torteletts mit Karamelläpfeln** (Seite 128) | auch auf dem Frühstückstisch ein echtes Ass als Basis für **Skyr-Breakfast-Bowl** (Seite 16) und Aufstrich für **Käsestullen de luxe** (Seite 22) | kann den Joghurt in der **Beeren-Smoothie-Bowl** (Seite 18) und im Sesamdip zur **Couscous-Gemüse-Pfanne** (Seite 68) spielend ersetzen (dabei aber mit etwas Wasser verdünnen).

DESSERTSAUCEN

Praktische Helfer für prompten Dessertgenuss | neben Fruchtsaucen sind vor allem Schoko-, Vanille- und Karamellsauce erhältlich | im Kühlschrank lange haltbar | Karamellsauce veredelt **Bananen-Carpaccio** (Seite 120) | leicht gesalzen verleiht sie **Salted Caramel Frappé** (Seite 123) eine unwiderstehliche Note | mit gesalzenen Erdnüssen formidables Topping für **Peanut Butter Mug Cake** (Seite 126) aus der Mikrowelle | mit Erdbeersauce ist **Strawberry Fluff Shake** (Seite 122) ein echter Hingucker | gefüllt mit Früchten und Himbeersauce werden aus schnöden Berlinern **süße Burger** (Seite 124) | selbstgemacht im **Granola-Trifle** (Seite 14) ein Knaller | Lecker: **Heidelbeer-Schoko-Crumble** (Seite 130) mit Vanillesauce statt -eis servieren.

KEKSE, BAISERS & CO.

Sorgen in Desserts unkompliziert für Crunch oder Fluffigkeit | gehören bei Sweetness-Fans stets in den Vorrat | können natürlich auch solo weggeknabbert werden | Amarettini verleihen dem **5-Minuten-Skyramisu** (Seite 118) die italienische Note | Butterkekse sind ein perfekter Boden für **No Bake Strawberry Cheesecake** (Seite 119) | Cookies landen zermahlen im verrückten **Cookie Freak Shake** (Seite 122) | zerbröckelte Baisertropfen übernehmen bei **Chia-Joghurt mit roter Grütze** (Seite 119) den Knusperpart | sie machen den **Strawberry Fluff Shake** (Seite 122) zu einem luftig-süßen Traum | Schokoküsse, Schmand und Kakaopulver sind die bequeme Formel für eine köstliche **Schokomousse** (Seite 118), die mit Beeren und Granola serviert ein echter Burner ist | Probieren: Klein zerbröckelte Amarettini sind auch ein geniales Finish für **Bananen-Carpaccio** (Seite 120) oder **Torteletts mit Karamelläpfeln** (Seite 128).

BEEREN

Kleine Fruchtbomben mit viel Aroma | reich an Vitaminen, Ballaststoffen, Mineralien und sekundären Pflanzenstoffen | in der Sommersaison besonders zu empfehlen | kühl lagern und schnell verbrauchen | Heidelbeeren beehren **Fruchtige Berliner-Burger** (Seite 124) mit ihrer leckeren Gegenwart und spielen im **Heidelbeer-Schoko-Crumble** (Seite 130) die tragende Rolle | zeigen sich als Suppen-Topping (Seite 56) und als Salatzugabe (Seite 102) auch mal herzhaft | Erdbeeren krönen frisch den **No Bake Strawberry Cheesecake** (Seite 119), gefroren lassen sie sich mit Baiser zum **Shake** (Seite 122) mixen | Himbeeren landen mit anderen Beeren auf **Schokomousse** (Seite 118) und schon zum Frühstück als spektakuläres Extra auf würzigen **Knusperecken** (Seite 23).

NUSSBÄLLCHEN MIT PISTAZIEN

Kleine Powerkugeln

FÜR 2 PORTIONEN

2 TL flüssiger Honig
2 EL blütenzarte Haferflocken
60 g Mandelmus
40 g gemahlene Haselnüsse
2 EL Haselnusskrokant
2 EL Kakaopulver
3 EL gehackte Pistazienkerne
2 EL getrocknete Goji-Beeren

Zubereitungszeit: 15 Min.
Pro Portion ca. 595 kcal
15 g E, 43 g F, 38 g KH

1 In einer kleinen Pfanne bei mittlerer Hitze den Honig erwärmen. Die Haferflocken hineinstreuen und darin leicht karamellisieren lassen, dann in eine Schüssel geben.

2 Das Mandelmus mit den gemahlenen Haselnüssen, dem Haselnusskrokant und dem Kakaopulver in die Schüssel geben. Alles verkneten und die Masse 5 Min. ruhen lassen. Pistazienkerne und Goji-Beeren (nach Belieben vorher noch hacken) auf eine Untertasse häufen.

3 Aus der Nussmasse mit den Händen 6 gleich große Bällchen formen. Die Nussbällchen durch die Pistazien-Goji-Beeren-Mischung rollen, bis sie rundherum damit überzogen sind. Pistazien und Goji-Beeren leicht andrücken.

4 Die Nussbällchen sofort naschen oder nebeneinander in einen Aufbewahrungsbehälter legen und luftdicht verschlossen bis zur Verwendung in den Kühlschrank stellen.

4 × SÜSSE TRÄUME ...

5-MINUTEN-SKYRAMISU

FÜR 2 PORTIONEN

Pro Portion ca. 255 kcal, 20 g E, 3 g F, 19 g KH

Von 40 g **Amarettini** für die Garnitur 2 Stück beiseitelegen. Den Rest mit den Händen grob zerbröseln, mit 2 EL kaltem **Espresso** vermischen und auf Dessertschalen verteilen. Für die Creme 300 g **Skyr,** 1 Pck. **Bourbon-Vanillezucker,** 1 EL **Zucker,** 6 Tropfen **Bittermandelaroma** und 2 EL kalten **Espresso** verrühren. Die Creme auf den Amarettinibröseln anrichten. Mit 2 EL **Kakaopulver** bestäuben, mit den übrigen beiden Amarettini garnieren. Sofort servieren.

SCHOKOMOUSSE MIT BEEREN UND GRANOLA

FÜR 2 PORTIONEN

Pro Portion ca. 230 kcal, 5 g E, 17 g F, 14 g KH

100 g **Schmand** mit 2 EL **Kakaopulver** verrühren. Von 4 **Schokoküssen** den Schaum von den Waffeln lösen und unter den Kakaoschmand heben. Die Mousse auf Dessertgläser verteilen und jeweils 1 Waffel zur Deko hineinstecken, die übrigen Waffeln sofort naschen. 30 g **Beeren** (z. B. Heidelbeeren, Himbeeren) nur falls nötig abbrausen und trocken tupfen. Je 1 EL **geröstetes Müsli** (Granola) auf die Schokomousse geben und alles mit den Beeren garnieren.

... mit Instant-Genuss-Garantie – denn diese fabelhaften Speed-Desserts sind noch schneller zubereitet, als sie verputzt sind.

NO BAKE STRAWBERRY CHEESECAKE

FÜR 2 PORTIONEN

Pro Portion ca. 395 kcal, 14 g E, 17 g F, 46 g KH

50 g **Butterkekse** im Mörser oder Blitzhacker fein zerbröckeln und in Dessertgläser geben. Mit je 1 TL **Zitronensaft** beträufeln. Für die Creme 150 g **Skyr,** 100 g **Frischkäse,** 2 Pck. **Bourbon-Vanillezucker,** 1 EL **Zucker,** 1 EL **Zitronensaft** und 2 EL **Wasser** verrühren und auf den Keksbröseln verteilen. 150 g **Erdbeeren** waschen, putzen und in dicke Scheiben schneiden. Die Erdbeeren auf der Cheesecake-Creme anrichten und alles mit 1 EL **Haselnusskrokant** bestreuen.

CHIA-JOGHURT MIT ROTER GRÜTZE

FÜR 2 PORTIONEN

Pro Portion ca. 235 kcal, 5 g E, 6 g F, 37 g KH

250 g **Joghurt** mit 1 EL **flüssigem Honig** und 1 EL **Chia-Samen** verrühren und auf Dessertgläser verteilen. 5 **Baisertropfen** grob zerbröseln und auf den Joghurt streuen. 100 g **rote Grütze** (aus dem Kühlregal) darüberlöffeln. Alles 5 Min. ruhen lassen, dann noch 1 **Baisertropfen** grob zerbröseln und aufstreuen. Nach Belieben mit ein paar **Minzeblättchen** (ersatzweise Zitronenmelisse) garnieren und sofort servieren.

BANANEN-CARPACCIO

Einfach unwiderstehlich

FÜR 2 PORTIONEN

50 g Vollmilch-Schokolade
2 EL Macadamianusskerne
3 Bananen
2 Kugeln Vanilleeis
1 EL Haselnusskrokant
1 EL Kakao-Nibs
2 EL Karamellsauce (Fertigprodukt, nach Belieben)

Zubereitungszeit: 15 Min.
Pro Portion ca. 635 kcal
9 g E, 28 g F, 86 g KH

1 Vollmilch-Schokolade in eine mikrowellenfeste kleine Schüssel bröckeln und in der Mikrowelle bei 300 Watt in ca. 2 Min. schmelzen. Die Macadamianüsse grob hacken.

2 Die Bananen schälen und schräg in dünne Scheiben schneiden. Die Bananenscheiben strahlenförmig auf Tellern auslegen. Die Schokolade gut durchrühren und mit einem Löffel über die Bananenscheiben träufeln. In die Mitte jeweils 1 Kugel Vanilleeis setzen.

3 Das Bananen-Carpaccio mit den Macadamianüssen, dem Haselnusskrokant und den Kakao-Nibs bestreuen. Nach Belieben noch mit der Karamellsauce beträufeln und servieren.

4 × SUPERFIXE SHAKES …

STRAWBERRY FLUFF SHAKE

FÜR 2 PORTIONEN
Pro Portion ca. 250 kcal, 4 g E, 5 g F, 45 g KH

60 g **Baisertropfen** in einem Standmixer fein zermahlen. 100 g **Joghurt,** 400 g gefrorene **TK-Erdbeeren** und 2 TL **Zitronensaft** dazugeben und alles gründlich durchmixen, bis eine homogene, dickflüssige Masse entstanden ist. Den Shake auf die Gläser (à 300 ml) verteilen. Mit je 1 EL **Joghurt,** 1 TL **Erdbeersauce** (Fertigprodukt) und 1 TL **weißen Schokoraspeln** garnieren und servieren.

COOKIE FREAK SHAKE

FÜR 2 PORTIONEN
Pro Portion ca. 930 kcal, 16 g E, 50 g F, 103 g KH

2 EL **Sahne** bei mittlerer Hitze in einem Topf erwärmen. 40 g **Vollmilch-Schokolade** hineinbröckeln und darin schmelzen lassen. Die Innenseiten von zwei Gläsern (à 300 ml) in Streifen mit der Sahneschokolade beträufeln, dabei 1 EL Schokolade zurückbehalten. 250 g **Vanilleeis** und 150 ml eiskalte **Milch** in einem Standmixer glattmixen. 3 **Schoko-Cookies** zerbröseln und zwei Drittel davon unter den Milchshake rühren. Den Shake in die Gläser gießen und mit etwas **Sprühsahne** jeweils eine Haube daraufsetzen. Mit restlicher Sahneschokolade, übrigen Cookie-Bröseln, 2 TL **Haselnusskrokant** und 2 TL **Zuckerperlen** garnieren. Sofort servieren.

… zum gemütlichen Wegschlürfen: Ob fruchtig oder cremig, diese extrazackig zubereiteten Trinkdesserts sind immer ein Genuss.

MANGO-SHAKE MIT MINZE

FÜR 2 PORTIONEN

Pro Portion ca. 330 kcal, 5 g E, 12 g F, 49 g KH

4 Stängel **Minze** abbrausen, trocken schütteln und für die Garnitur von 2 Stängeln die Spitzen abknipsen. Übrige Blätter abzupfen und in einen Mixer geben. 1 **Bio-Limette** heiß waschen und trocken reiben. Aus der Mitte 2 Scheiben herausschneiden, aus dem Rest den Saft in den Mixer pressen. 200 g **gelben Frucht-Smoothie** und 300 g gefrorene **TK-Mango** ebenfalls in den Mixer geben und alles möglichst fein pürieren. Mango-Shake auf die Gläser (à 300 ml) verteilen und je 1 gehäuften EL **Vanilleeis** hineinsetzen. Die Limettenscheiben einschneiden und auf die Glasränder stecken. Die Shakes mit den Minzespitzen garnieren und servieren.

SALTED CARAMEL FRAPPÉ

FÜR 2 PORTIONEN

Pro Portion ca. 495 kcal, 8 g E, 22 g F, 66 g KH

2 EL **Karamellsauce** (Fertigprodukt) in einer kleinen Schüssel mit etwas **Salz** würzen und gut verrühren. 200 g **Vanilleeis** in einem Standmixer mit 150 ml kaltem **Kaffee** cremig mixen. Je 50 ml kalten **Kaffee** in die Gläser (à 300 ml) füllen, den Kaffee-Eis-Frappé darauf verteilen. Jeweils 1 Kugel **Vanilleeis** hineinsetzen und mit etwas **Sprühsahne** toppen. Mit der gesalzenen Karamellsauce beträufeln und mit 1 EL **Haselnusskrokant** garnieren. Sofort servieren.

FRUCHTIGE BERLINER-BURGER

Ein echter Augenschmaus

FÜR 2 PORTIONEN

80 g Frischkäse
1 EL flüssiger Honig
1 Pck. Bourbon-Vanillezucker
½ EL Zitronensaft
1 Nektarine
50 g Heidelbeeren
1 kleiner Stängel Minze
2 Berliner (Krapfen)
2 EL Himbeersauce (Fertigprodukt)
1 EL Schokolinsen

Zubereitungszeit: 15 Min.
Pro Portion ca. 545 kcal
11 g E, 22 g F, 75 g KH

1 Den Frischkäse mit Honig, Vanillezucker und ½ EL Zitronensaft verrühren. Nektarine waschen, halbieren und entsteinen, die Hälften in dünne Spalten schneiden. Die Heidelbeeren verlesen, nur falls nötig waschen und abtropfen lassen. Die Minze abbrausen und trocken schütteln, die Blättchen abzupfen.

2 Die Berliner aufschneiden und die Unterseiten mit der Hälfte des angerührten Frischkäses bestreichen. Mit der Himbeersauce beträufeln und den Nektarinenspalten belegen. Die Minzeblättchen und Heidelbeeren darauf verteilen, die Schokolinsen darüberstreuen.

3 Die oberen Berliner-Hälften mit dem restlichen Frischkäse bestreichen, auf die unteren Hälften setzen und ein wenig andrücken. Die fruchtigen Berliner-Burger sofort servieren.

PEANUT BUTTER MUG CAKE

Für spontanen Süßhunger

FÜR 2 PORTIONEN

4 EL Mehl
1 TL Backpulver
2 Eier (M)
4 EL Milch
2 EL Öl
2 EL Erdnussmus
2 EL Kakaopulver
3 EL Zucker
Salz
2 EL gesalzene Erdnusskerne
2 EL Karamellsauce (Fertigprodukt)

Zubereitungszeit: 10 Min.
Pro Portion ca. 650 kcal
21 g E, 35 g F, 62 g KH

1 In einer kleinen Schüssel das Mehl und das Backpulver mischen. Eier, Milch, Öl, Erdnussmus, Kakaopulver, Zucker und 1 Prise Salz dazugeben und alles mit dem Schneebesen glatt rühren.

2 Den Teig auf zwei große mikrowellenfeste Tassen (à 300 ml) verteilen. Die Kuchen nacheinander in je 90 Sek. in der Mikrowelle bei 600 Watt garen. In der Zeit die Erdnusskerne nach Wunsch fein oder grob hacken.

3 Je 1 EL Karamellsauce über die fertigen Kuchen träufeln, mit den Erdnussstückchen bestreuen und servieren.

TORTELETTS MIT KARAMELLÄPFELN

Im Handumdrehen gästefein

FÜR 2 PORTIONEN

1 EL Butter
2 EL flüssiger Honig
2 TL Zitronensaft
1 TL Ingwerpulver
2 Prisen Zimtpulver
Salz
1 Apfel
2 EL Walnusskerne
2 cl brauner Rum (54 % Vol.)
150 g Sahnepudding
150 g Skyr
2 Mürbeteig-Torteletts

Zubereitungszeit: 15 Min.
Pro Portion ca. 530 kcal
14 g E, 25 g F, 52 g KH

1 Die Butter und den Honig mit Zitronensaft, Ingwerpulver und je 1 Prise Zimtpulver und Salz in einer Pfanne erhitzen. Dabei das Karamell hin und wieder umrühren.

2 Inzwischen den Apfel waschen und mit einem Kerngehäuseausstecher das Kerngehäuse gründlich entfernen. Den Apfel in 8 gleich dicke Ringe schneiden und diese halbieren. Walnusskerne in grobe Stücke brechen.

3 Die Apfelhalbringe im Honigkaramell bei nicht zu starker Hitze rundherum in 3 Min. goldbraun karamellisieren. Den Rum unterrühren und nach Belieben noch kurz flambieren.

4 Den Sahnepudding mit Skyr und übrigem Zimt (1 Prise) verrühren und auf den Torteletts verteilen. Die Apfelhalbringe darauf anrichten, mit den Nüssen bestreuen. Sofort genießen.

HEIDELBEER-SCHOKO-CRUMBLE

Geniales Sonntagsdessert

FÜR 2 PORTIONEN

50 g Butter
70 g Mehl
2 EL Zucker
1 Pck. Bourbon-Vanillezucker
1 Prise Zimtpulver
Salz
125 g Heidelbeeren
20 g weiße Schokolade (1 Riegel)
1 TL Speisestärke
1 TL Puderzucker (nach Belieben)
2 Kugeln Vanilleeis

Zubereitungszeit: 10 Min.
+ 25 Min. Backen
Pro Portion ca. 635 kcal
8 g E, 33 g F, 76 g KH

1 Den Backofen auf 200° vorheizen. Für die Streusel die Butter in einem Topf schmelzen. Mehl, Zucker, Vanillezucker, Zimtpulver und 1 Prise Salz dazugeben und alles mit einer Gabel zu Teigbröseln verrühren.

2 Die Heidelbeeren verlesen, nur falls nötig waschen und gut abtropfen lassen. Die Schokolade grob hacken. Beides in zwei kleine Auflaufformen (à 10 cm Ø) füllen und mit der Speisestärke bestäuben. Die Streusel darauf verteilen. Die Heidelbeer-Schoko-Crumbles im Ofen (Mitte) in 20–25 Min. goldbraun backen.

3 Die Formen aus dem Ofen nehmen und die Crumbles nach Belieben noch mit dem Puderzucker bestäuben. Das Vanilleeis in Schälchen anrichten und beides zusammen servieren.

BENTO-BOXEN

SMÖRGÅSBORD-BOX

FÜR 2 PORTIONEN
IN 20 MIN. STARTKLAR

Das kommt in die Boxen

› **Matjessalat**
Seite 88 (halbes Rezept, ohne die Kartoffeln)

› **Superfood-Bagels**
Seite 22 (halbes Rezept)

Dazu: 2 Handvoll grüne Weintrauben, 3 Scheiben Knäckebrot, 60 g Weichkäse, 4 TL Honigsenf, 8 kleine Cornichons

So gehen sie vor

1 Matjessalat zubereiten. Bagels belegen und achteln. Weintrauben waschen, Knäckebrot halbieren, Käse in mundgerechte Ecken schneiden.

2 Alles in die Fächer der Bento-Boxen legen. Unterwegs die Bagel-Happen genießen. Das Knäckebrot abwechselnd mit Matjessalat, Käseecken und Senf wegknuspern. Die Weintrauben und Cornichons dazu knabbern.

MEZZE-SNACKBOX

FÜR 2 PORTIONEN
IN 20 MIN. GEMACHT

Das kommt in die Boxen

› **Hirsebällchen**
Seite 110 (ohne den Spinatsalat)

› **Sesamdip**
Seite 68 (ohne die Couscous-Gemüse-Pfanne)

› **Antipasti-Pita-Taschen**
Seite 26 (mit nur 1 Pita-Tasche, ohne Salat-Mix und den Dip)

Dazu: 100 g Grillgemüse-Hummus (Fertigprodukt)

So gehen sie vor

1 Hirsebällchen zubereiten, während des Bratens der Bällchen Sesamdip zubereiten. Zutaten für die Pita-Taschen vorbereiten, dabei den Käse in Stücke schneiden. Pita anrösten und in kleine Ecken schneiden.

2 Alles in die Fächer der Bento-Boxen legen. Unterwegs Antipasti, Gemüse und Käse mit Pita-Ecken, Sesamdip und Hummus genießen. Hirsebällchen in die Dips tauchen und dazu naschen.

SCHNELLE BÜFETTS

FINGERFOOD-BÜFETT

FÜR 8 PORTIONEN
IN 45 MIN. AUF DEM TISCH

Das kommt aufs Büfett

› **Auberginen-Thunfisch-Crostini**
Seite 50

› **Reissalat mit Pesto**
Seite 105

› **Putenbrust-Wrappies**
Seite 23

› **Erbsensuppe**
Seite 56

Dazu: 500 g Snack-Paprikas, 1 Kästchen Kresse

So gehen sie vor

1 Für die Crostini die Auberginen und die Thunfischcreme zubereiten. Den Reissalat und die Wrappies zubereiten.

2 Erbsensuppe ansetzen. Snack-Paprikas längs halbieren, putzen, waschen, trocken tupfen und mit dem Reissalat füllen. Für die Crostini das Brot knusprig braten und belegen.

3 Die Suppe fertigstellen und in 8 kleinen hitzebeständigen Gläsern als Shots anrichten. Die Crostini, Paprikas und Wrappies anrichten und mit der Kresse garnieren.

SOMMER-BÜFETT

FÜR 8 PORTIONEN
IN 45 MIN. GEHT'S LOS

Das kommt aufs Büfett

› **Marokkanischer Linsentopf**
Seite 60 (doppeltes Rezept)

› **Couscoussalat mit Avocado**
Seite 102 (doppeltes Rezept)

› **Spinatsalat**
Seite 110 (doppeltes Rezept, ohne die Hirsebällchen)

› **No Bake Strawberry Cheesecake**
Seite 119 (vierfaches Rezept)

Dazu: 1 türkisches Fladenbrot

So gehen sie vor

1 Cheesecake bis auf die Erdbeeren zubereiten und die Gläschen kühl stellen. Couscoussalat zubereiten und auf einer Platte anrichten. Den Backofen auf 150° vorheizen.

2 Den Linsentopf ansetzen, inzwischen den Spinatsalat zubereiten und ebenfalls auf einer Platte anrichten. Das Fladenbrot in 6–8 Min. knusprig aufbacken.

3 Linsentopf und Cheesecake fertigstellen. Das Fladenbrot in Stücke schneiden. Alles anrichten.

FEINES FÜR GESELLIGE GÄSTE

FAJITAS

FÜR 4 PORTIONEN
IN 30 MIN. EINSATZBEREIT

Das ist die Füllung

› **Puten-Stir-Fry**
Seite 70 (doppeltes Rezept, ohne Shiitake)

› **Ananassalsa**
Seite 52 (doppeltes Rezept, ohne die Süßkartoffel-Waikiki-Toasts)

› **Avocado-Mayo**
Seite 48 (doppeltes Rezept, ohne den Spargel)

Dazu: ½ TL Cayennepfeffer, 8 Tortillas (weiche Weizenfladen, ca. 350 g), 120 g geriebener Käse (z. B. Cheddar)

So gehen sie vor

1 Alle Zutaten für das Puten-Stir-Fry vorbereiten. Dann die Salsa und die Mayo zubereiten. Stir-Fry braten und zuletzt mit Cayennepfeffer würzen.

2 Tortillas nach Packungsanweisung nach und nach in zwei heißen Pfannen erwärmen (alternativ den Backofen verwenden).

3 Stir-Fry, Dips und Käse bereitstellen, dann ist jeder selbst dran: die Tortillas mit der Füllung belegen, einrollen und genießen.

GRILLABEND

FÜR 4 PORTIONEN
IN 45 MIN. GRILLFERTIG

Das sind die Grillbeilagen

› **Spinathummus**
Seite 28 (ohne die Gemüsesticks und Cracker)

› **Korianderpesto**
Seite 64 (doppeltes Rezept, ohne den Mie-Nudelsalat)

› **Linsensalat**
Seite 75 (doppeltes Rezept, ohne Merguez)

› **Blattsalat mit Feta und Erdbeeren**
Seite 33 (doppeltes Rezept)

Dazu: 800 g kleine Kartoffeln (Drillinge), 2 TL Meersalz, 8 Stück Grillgut (z.B. Grillkäse, Fleisch, Würste, marinierter Tofu), 1 Baguette, Grillsaucen nach Wahl

So gehen sie vor

1 Den Backofen auf 200° vorheizen. Kartoffeln waschen, tropfnass mit dem Salz einreiben, in den Ofen (Mitte) schieben und in 30–35 Min. runzelig backen. Den Grill anheizen.

2 Hummus, Pesto und Salate zubereiten. Salate in Schüsseln oder auf Servierplatten anrichten.

3 Grillgut auf den Grill legen, Kartoffeln aus dem Ofen nehmen, Baguette aufschneiden. Alles mit Dips, Salaten und den Grillsaucen servieren.

SCHNELLE MENÜS

GENIESSER-MENÜ

FÜR 4 PORTIONEN
IN 30 MIN. GEHT'S LOS

Das steht auf der Menükarte

› **Cajun-Kürbissuppe**
(Seite 57)

› **Pasta mit Filetstreifen und Cranberrys**
Seite 64 (doppeltes Rezept)

› **Heidelbeer-Schoko-Crumble**
Seite 130 (doppeltes Rezept, ohne Heidelbeeren)

Dazu: 1 Apfel (z. B. Boskop), 60 g Pecorino (am Stück)

So gehen sie vor

1 Die Suppe zubereiten. Inzwischen den Apfel waschen, entkernen, klein schneiden. Crumble vorbereiten: mit Apfelstücken statt Heidelbeeren und in 4 Mini-Förmchen (ca. 7 cm Ø).

2 Für die Pasta Nudeln kochen und abgießen, übrige Zutaten vorbereiten und bereitstellen. Für die Suppe die Garnelen zubereiten. Suppe in kleinen Schälchen anrichten und servieren.

3 Pasta fertigstellen, Pecorino grob zerbröckeln und darüberstreuen, servieren. Inzwischen den Backofen für den Crumble vorheizen. Crumble backen und als Dessert servieren.

WELLNESS-MENÜ

FÜR 4 PORTIONEN
IN 40 MIN. STARTKLAR

Das steht auf der Menükarte

› **Gurken-Mango-Salat mit Lachs**
Seite 33

› **Kabeljau mit Kirschtomaten**
Seite 76 (doppeltes Rezept)

› **Chia-Joghurt mit roter Grütze**
Seite 119

So gehen sie vor

1 Den Chia-Joghurt vorbereiten und ohne das Brösel-Topping im Kühlschrank ruhen lassen. Die Zutaten für den Kabeljau vorbereiten und ebenfalls kühl stellen.

2 Den Gurken-Mango-Salat zubereiten, auf vier Tellern anrichten und servieren.

3 Den Kabeljau in zwei Pfannen fertigstellen, anrichten und servieren.

4 Zuletzt den Chia-Joghurt fertigstellen und als Menü-Abschluss servieren.

SUPER SCHNELL, SUPER LECKER!

Morgen gönne ich mir
wieder mein Viertelstündchen!

REGISTER VON A-Z

APPETIT AUF MEHR?

ISBN 978-3-8338-6457-5

ISBN 978-3-8338-7142-9

ISBN 978-3-8338-5882-6

ISBN 978-3-8338-7145-0

ISBN 978-3-8338-7236-5

ISBN 978-3-8338-7071-2

Alle hier vorgestellten Bücher sind auch als eBook erhältlich.

GU

Mehr von GU auf **www.gu.de** und **facebook.com/gu.verlag**

IMPRESSUM

© Food & Nude Photography

Der Autor

Martin Kintrup kochte und backte schon während seines Studiums leidenschaftlich gerne. Inzwischen hat er seine Lust am Kochen, Essen und Genießen zum Beruf gemacht. Als Autor und Redakteur arbeitet er für mehrere Verlage und hat schon zahlreiche Kochbücher geschrieben. Seine besten Ratzfatz-Rezepte und Speed-Tipps verrät er hier in diesem Buch.

Die Fotografin

Coco Lang fotografiert Food und Stills in ihrem Werkstattstudio direkt am Münchner Viktualienmarkt. Mit kreativem Elan geht sie ans Werk und beeindruckt immer wieder mit überraschenden Ideen und feinem Gespür fürs Detail. Ihr Team für dieses Buch: **Sven Dittmann** (Foodstyling) und **Ina Erdmann** (Requisite).

Bildnachweis

Alle Fotos: **Coco Lang,**
außer Autorenfoto:
Food & Nude Photography

Projektleitung:
Sabine Sälzer

Lektorat, Satz/DTP, Gestaltung:
schönseitig.de, Christina Geiger, München

Umschlag und Gestaltung:
independent Medien-Design, Horst Moser, München

Fotografie: **Coco Lang**
Foodstyling: **Sven Dittmann**
Requisite: **Ina Erdmann**

Korrektorat:
Adelheid Schmidt-Thomé

Herstellung:
Renate Hutt

Repro:
Longo AG, Bozen

Druck und Bindung:
Printer Trento S.r.l, Trento

Syndication:
www.seasons.agency

ISBN 978-3-8338-7294-5
1. Auflage 2020

www.facebook.com/gu.verlag

Ein Unternehmen der
GANSKE VERLAGSGRUPPE

Liebe Leserin, lieber Leser,

haben wir Ihre Erwartungen erfüllt? Sind Sie mit diesem Buch zufrieden? Haben Sie weitere Fragen zu diesem Thema? Wir freuen uns auf Ihre Rückmeldung, auf Lob, Kritik und Anregungen, damit wir für Sie immer besser werden können.

GRÄFE UND UNZER Verlag
Leserservice
Postfach 86 03 13
81630 München
E-Mail:
leserservice@graefe-und-unzer.de

Telefon: 00800 / 72 37 33 33*
Telefax: 00800 / 50 12 05 44*
Mo–Do: 9.00 – 17.00 Uhr
Fr: 9.00 – 16.00 Uhr
(gebührenfrei in D, A, CH)*

Ihr GRÄFE UND UNZER Verlag
Der erste Ratgeberverlag – seit 1722.

Backofenhinweis
Die Backzeiten können je nach Herd variieren. Die Temperaturangaben beziehen sich auf das Backen im Elektroherd mit Ober- und Unterhitze und können bei Gasherden oder Backen mit Umluft abweichen. Details entnehmen Sie bitte Ihrer Gebrauchsanweisung.

KRÄUTER & CO.

- Basilikum
- Chilischote (rot)
- Dill
- Ingwer
- Knoblauchzehen
- Koriandergrün
- Kresse
- Minze
- Petersilie
- Rosmarin
- Rucola
- Salbei
- Schnittlauch

OBST, GEMÜSE & CO.

- Äpfel
- Auberginen
- Avocados (Hass)
- Baby-Blattspinat
- Bananen
- Beeren (Erdbeeren, Heidelbeeren, Himbeeren)
- Birnen
- Brokkoli
- Feigen
- Kartoffeln
- Lauch
- Limetten (Bio)
- Mandarinen
- Mango
- Möhren (Bio)
- Nektarine
- Paprika (gelb, rot)
- Pfirsich
- Pilze (braune Champignons, Kräuterseitlinge, Shiitake)
- Radieschen
- Rosenkohl
- Salat (Feldsalat, Römersalatherzen, Salat-Mix)
- Salatgurke (Bio)
- Sojabohnensprossen
- Spargel (grün)
- Spitzkohl
- Süßkartoffeln
- Tomaten (bunt, rot, Kirschtomaten)
- Zucchini
- Zuckerschoten
- Zwiebeln (Frühlingszwiebeln, braun, rot, Schalotten)

KÜHLREGAL & FRISCHETHEKE

- Ananasfruchtfleisch
- Antipasti (gemischt, in Öl, gegrillte Auberginenscheiben, getrocknete Tomaten, Grillpaprika)
- Butter (mit Kräutern)
- Butterschmalz
- Crème fraîche
- Flammkuchenteig (ca. 260 g)
- Smoothie (gelb, mit Mango)
- Gnocchi
- Granatapfelkerne
- Grütze (rot)
- Joghurt (griechisch, 10 % Fett)
- Knödel (gegart, Kartoffelknödel, Semmelknödel)
- Krautsalat
- Milch
- Oliven (Kalamata, ohne Stein, schwarz)
- Räuchertofu
- Sahne
- Sahnepudding
- Sahnequark
- Schmand
- Skyr
- Spätzle
- Tortellini (beliebige Füllung)

TIEFKÜHLTRUHE (TK)

- Beeren (Erdbeeren, gemischt)
- Blumenkohl
- Erbsen
- Garnelen (geschält, küchenfertig)
- Grünkohl
- Kabeljaufilet
- Kräuter (Dill, Gartenkräuter, italienische Mischung, Kräuter-der-Provence, Petersilie)
- Kürbis
- Lauch
- Mango
- Suppengemüse
- Suppengrün
- Vanilleeis
- Zwiebel-Duo

FISCHTHEKE

- Garnelen (geschält, küchenfertig)
- Lachs (Filet, ohne Haut, Sushi-Qualität, Graved Lachs in Scheiben, Stremellachs)
- Matjesfilets (eingelegt, mit Zwiebeln)

WURST- & FLEISCHTHEKE

- Bratwürste (fein, grob, Merguez, Thüringer)
- Hackfleisch (halb und halb, Rind)
- Hähnchenbrustfilet
- Putenbrustaufschnitt
- Putenbrustfilet
- Rindfleisch (aus der Oberschale)
- Schinken (geräuchert, luftgetrocknet, roh, Scheiben)
- Schweinefilet
- Speck (Bacon, Frühstücksspeck, Scheiben, Würfel)

KÄSETHEKE

- Bergkäse (Scheiben, Stück)
- Camembert
- Cheddar (gerieben, Scheiben)
- Emmentaler (gerieben, Stück)
- Frischkäse (mit Joghurt)
- Gorgonzola
- Gouda (gerieben)
- Greyerzer (Stück)
- italienischer Weichkäse (Stück)
- Parmesan (gerieben, Stück)
- Pecorino (Späne, Stück)
- Schafskäse (Feta)
- Ziegenfrischkäse (20-g-Taler)
- Ziegenweichkäse (Rolle)

TEIGWAREN, REIS, GETREIDE & CO.

- Couscous
- Frühstücksbrei
- Haferflocken (blütenzart)
- Hirse
- Instant-Polenta (Maisgrieß)
- Müsli-Mischungen (5-Korn-Müsli, geröstetes Granola, Schokomüsli)
- Nudeln (kurz, lang, Bucatini, Casarecce, Farfalle, Maccheroni, Mie-Nudeln, Penne, Tagliatelle)
- Quinoa (Pops)
- Reis (Basmatireis, Langkornreis)

AUS DEM BACKREGAL

- ___ Backpulver
- ___ Bittermandelaroma
- ___ Bourbon-Vanillezucker
- ___ Haselnusskrokant
- ___ Kakao (Nibs, Pulver)
- ___ Kokoschips
- ___ Mehl
- ___ Orangenschale (gerieben)
- ___ Speisestärke
- ___ Zucker (Puderzucker, Rohrohrzucker)
- ___ Zuckerperlen

AUS DOSE, GLAS & TUBE

- ___ 3-Minuten-Sauerkraut
- ___ Cornichons
- ___ Dessertsaucen (Erdbeere, Himbeere, Karamell)
- ___ Gemüsebrühe
- ___ Hülsenfrüchte (Kichererbsen, Kidneybohnen, Linsen)
- ___ Kapern (in Essiglake)
- ___ Mais
- ___ Mus (Erdnuss, Mandel)
- ___ Rote-Bete-Hummus
- ___ Salatcreme
- ___ Salatmayonnaise
- ___ Salsasauce
- ___ Sardellenfilets (in Öl)
- ___ Tahin (Sesampaste)
- ___ Thunfisch (im eigenen Saft, in Öl)
- ___ Tomaten (getrocknet, in Öl, stückig)
- ___ Tomatenmark

WÜRZPASTEN, -SAUCEN & CO.

- ___ Ajvar
- ___ Barbecuesauce
- ___ Currypaste (gelb, rot)
- ___ Fischsauce
- ___ Ingwerpaste
- ___ Pesto alla Genovese
- ___ Sambal Oelek
- ___ Senf (Dijonsenf, Honigsenf, körnig)
- ___ Sojasauce
- ___ Teriyaki-Sauce
- ___ Wasabipaste
- ___ Zitronengraspaste

SÜSSES

- ___ Honig (flüssig)
- ___ Schokoküsse
- ___ Schokolade (Raspel, Tafel, Vollmilch, weiß, Zartbitter)
- ___ schokolierte Beeren (Himbeeren, Erdbeeren, Heidelbeeren)
- ___ Schokolinsen

GEWÜRZE & CO.

- ___ Cajun-Gewürz
- ___ Cayennepfeffer
- ___ Ingwerpulver
- ___ Kreuzkümmel (gemahlen)
- ___ Kümmel (ganz, gemahlen)
- ___ Muskatnuss
- ___ Oregano
- ___ Paprikapulver (edelsüß, rosenscharf)
- ___ Pfeffer
- ___ Ras el Hanout
- ___ Salz
- ___ Tajine-Gewürz
- ___ Thymian
- ___ Zimtpulver

NÜSSE, SAMEN, TROCKENFRÜCHTE

- ___ Aprikosen
- ___ Cashewkerne
- ___ Chia-Samen
- ___ Cranberrys
- ___ Erdnusskerne (gesalzen)
- ___ Goji-Beeren
- ___ Haselnusskerne (gemahlen)
- ___ Kürbiskerne
- ___ Leinsamen (ganz, geschrotet)
- ___ Macadamianusskerne
- ___ Mandeln
- ___ Nusskern-Mix
- ___ Pinienkerne
- ___ Pistazienkerne (gehackt)
- ___ Rosinen
- ___ Salatkern-Mix
- ___ Sesam
- ___ Walnusskerne

GEBÄCK, BROTE & BRÖTCHEN

- ___ Amarettini
- ___ Bagels (zum Aufbacken)
- ___ Baguette
- ___ Baguettebrötchen
- ___ Baisertropfen
- ___ Berliner (Krapfen)
- ___ Butterkekse
- ___ Ciabattabrot
- ___ Graubrot
- ___ Kastenweißbrot
- ___ Knäckebrot
- ___ Laugenbrötchen
- ___ Laugenecken (mit Körnern)
- ___ Mehrkornbrot
- ___ Mürbeteig-Torteletts
- ___ Müslistange
- ___ Pita-Taschen (zum Füllen)
- ___ Schoko-Cookies
- ___ Toastbrot
- ___ Weizentortillas (weich, 25 cm Ø)

DIVERSES

- ___ Brühe (Gemüsebrühe, Hühnerbrühe, Instant)
- ___ Cracker
- ___ Eier (M)
- ___ Essig (Aceto balsamico, Aceto balsamico bianco, Apfelessig, Crema di Balsamico, Weißweinessig)
- ___ Kokosmilch
- ___ Linsen (rot)
- ___ Mandeldrink
- ___ Matcha-Latte-Pulver
- ___ Öl (zum Ausbacken, zum Braten, geröstetes Sesamöl, Kürbiskernöl, Olivenöl, Rapsöl, Walnussöl)
- ___ Röstzwiebeln
- ___ Semmelbrösel
- ___ Sprühsahne

GETRÄNKE, SÄFTE & SPIRITUOSEN

- ___ Cidre (doux, süß)
- ___ Limettensaft
- ___ Orangensaft
- ___ Rum (54 % Vol., braun)
- ___ Zitronensaft
- ___ Espresso (kalt)
- ___ Kaffee (kalt)

Auch zum Download auf
www.gu.de/kochenfuerfaule